U0011979

每天
5分鐘の

質感人生手帳術

多款獨家免費模板，即使手殘，
也能輕鬆擁有自己的療癒手帳，打造美好生活

心滿意足手帳師 mukuri 著　　林安慧 譯

前言

講到手帳，大多數人的第一印象，應該都會覺得只是拿來管理日常行程而已。

事實上，也真的有不少人是把手帳當成一般行事曆，只是簡單地寫下每天的預定行程或工作內容而已吧。

但是，我原本就非常喜歡「手寫」這件事，除了可以把計畫安排得當，也能夠紀錄下每天的美好回憶、釐清整頓思緒、製作提高做家事意願的清單、享受使用各種手帳裝飾的樂趣……我會依照不同用途，分別使用好幾本手帳和記事本。

本書就是要介紹我自己實際使用過，認為能讓自己感到心滿意足的手帳寫法，以及設計手帳拼貼的秘訣，還有使日常生活更加順利的筆記等，非常有效或相當方便的手帳及記事本的使用方法。

但如果想一口氣全部做到的話難度太高了，所以請先從自己喜歡、做得到的部分開始。

在不勉強自己的範圍內，輕鬆愉快地嘗試吧。

誠心期盼這本書能讓想要改變手帳的使用方式，或是不知道該怎麼運用手帳拼貼等等擁有與手帳相關煩惱的人，甚至是如同過去的我，覺得現在活得很辛苦的人，都能獲得解決煩惱的靈感。

mukuri

推薦序

不知道你有沒有寫手帳、日記的習慣呢？

對我來說，書寫紀錄生活，是安定身心的不可或缺儀式。

挑一本喜歡的筆記本，每天空出一小段時間，坐在書桌前，準備一杯飲品，點燃線香，拿出喜愛的鋼筆，望著空白的頁面，開始回想這天的美好時刻，或者計畫未來的目標等等，把腦袋中的所思所想傾倒在紙上——

「今天拖延症又犯了，原先安排的進度沒有完成，應該要把步驟再做分割，比較容易開始！下次試試看～」

只要是人都可能犯錯、失敗，隨著動筆寫下失誤點和改善方式，焦慮、不安的心漸漸舒展開來，對我來說這就像與自己和解的儀式一樣，也是對抗容易「想太多」毛病的處方。

亦或者讓抽象、模糊的方向，更加具體、清晰——

「明年想要報考中餐丙級檢定，需要來查教室和上課時間，規劃一下～」

再把通往目標的種種事項，拆解成一個個小任務，安排進行事曆中，讓願望不只是願望，而是真的能實現的目標，完成屬於自己的里程碑。

身為手帳愛好者，看著這本《每天5分鐘の質感人生手帳術》，不禁會透出滿足的微笑。心滿意足手帳師mukuri徹底實現了透過手帳豐富生活這件事，分享了許多簡單卻十分有用的書寫方式，讓每一個想改變生活的人都可以依樣畫葫蘆打造自己的手帳，往理想的自己更靠近一點。

Kasin

極簡生活家、《理想生活的關鍵字》作者

CONTENTS

獨家子彈筆記

整頓手帳

Chapter 3
可愛獨家手帳的誕生術

Column 2

Chapter 4

用家計簿或筆記來提高生活品質吧

Column 3

日版工作人員
書籍設計：塚田佳奈（ME&MIRACO）
編輯協助：中澤廣美、橋本夏帆（KWC）
DTP：高八重子
照片拍攝：mukuri
石井万葵（KADOKAWA）
校正：麥秋Art Center
編輯：宇並江里子（KADOKAWA）

\ 提供可以直接下載使用的格式！ /

本書使用方法

本書刊載的mukuri獨家手帳格式、拼貼素材等等，其中一部份提供讀者下載使用，其餘部分，不妨嘗試使用空白內頁，自己手繪複製書頁上介紹的格式，或者是以手上既有的手帳，參考本書內容來予以應用。若是還有不清楚的部分，部分篇章會附有影片說明。

ここから始めよう！
たすウィークリー
最初に試してみてほしいページが「ウィークリー」。
やうれしかったことを書きためるページです。
るページなので、気軽に始めてみませんか。
mukuri オリジナルリフィル
「ウィークリー」の
ダウンロードはこちらから!
感じるルーティン 》

下載方法

1. 掃描書頁上的條碼，連上網站，並輸入ID與PASS。
   ID：mukuri
   PASS：techo-refill6
2. 從網站下載PDF檔案。
3. 從家中印表機或至便利商店列印出來使用。

這些都可以下載！

將「獨家子彈筆記」以A4紙列印出來後，裁剪貼到空白內頁上使用（請參考P48）。

獨家子彈筆記

Weekly週計畫
Monthly月計畫

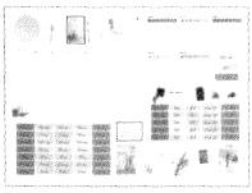

心滿意足手帳

Weekly週計畫

以A4紙印出「心滿意足手帳」與「獨門家計簿」，對半裁剪後以打孔機打洞，就可以夾進A5大小的手帳中使用！

拼貼素材

「拼貼素材」可以用一般紙張印出來，裁剪之後用膠水黏貼，也可以印製在貼紙上使用。

獨門家計簿

預算與結算page
日常開銷・整理page

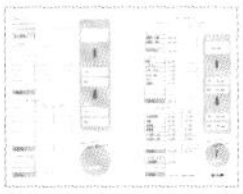

＊本書所刊載之內容皆為2022年1月最新資訊。

Chapter 1

更加輕鬆地 享受手帳吧

或許很多人會認為，所謂的「手帳」就是「行事曆」。
但是，只有這個用法太浪費了！
在此特別介紹各種手帳的使用方式，
以及能夠讓人樂在其中的方法。

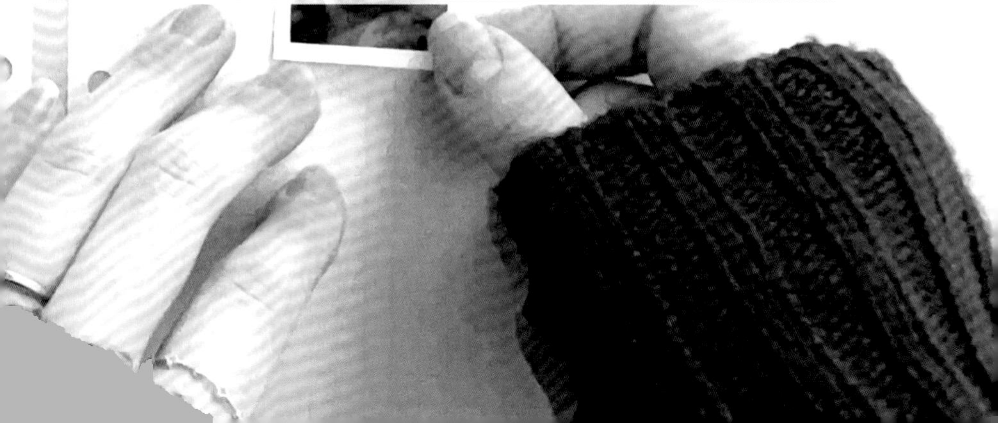

good fare
The most amazing feeling
take a deep
BREATH

把「美好的事」、「完成的事」一一寫下，滿足心靈

提到「手帳」，很多人會先入為主地認為不過就是「把行事曆寫下來的東西」而已，但其實我非常推薦將手帳當成日記本，把發生的事情或個人感想寫下來。尤其就我個人而言，更是特別重視要將「美好的事」、「完成的事」一一紀錄成文字，就像是在存錢一樣，將日常生活中微小的美好或完成的事情慢慢累積起來。也是因此才會製作出專門以紀錄「美好的事」、「完成的事」為中心的專屬手帳，也就是「心滿意足手帳」。至於行事曆或工作待辦事項，則寫到另一本手帳中。

「心滿意足手帳」除了紀錄日常生活中發生的事情以及各種感想以外，對於自己喜歡的、想做的事情，或者是「想要變成這樣！」的雄心壯志等，也有安排能書寫下來的專屬頁面。隨著使用這樣的手帳時日一長，就會自然而然地去注意到「美好的事」、「完成的事」，心情變得正

準備一本能大量紀錄「美好的事」、「完成的事」的手帳。也有專門用來寫下喜歡事物或心願的頁面。

向積極，也增加了更多與自己對話的時間，進而更能發現自己的情緒起伏、了解自己想要成為什麼樣的人等等，幫助自己整頓心靈。

因為我是HSP（Highly Sensitive Person：高敏感人士），對外在刺激相當敏感，也比較容易感受到壓力，小時候就在經常覺得寂寞中成長；成為社會人士後，壓力感受更是倍增，天天疲於奔命，覺得活著好累，總是心情緊繃地度過每一天。而最終改變我的就是這個手帳，不僅因此能順利切換心情好壞的開關，可以心平氣和度過的時間也跟著增加，生活整個都變得輕鬆起來。

另外，我也製作了能將打動內心或是印象深刻的佳句書寫下來的「心靈小語筆記」，每當心情低落時，只要打開來翻看幾頁，就能幫助疲憊的身心慢慢舒緩下來。

雖然說「寫手帳或記事本能滿足心靈」，但或許有些人會因為一開始還不習慣，而無法有相同感受；但要是能擁有一小段專屬於手帳的時光，暫時阻隔現代社會的大量資訊或數位情報的轟炸，真的是一件很放鬆的事情。動手書寫不僅能讓心靈平靜下來，也能藉此漸漸認識自己。因此，我認為寫手帳的時間正是療癒的時刻。

推薦這樣的手帳或記事本

●心滿意足手帳　P26～

●心靈小語筆記　P99

〔逐漸能夠做到的事〕

●養成會去注意「美好的事」、「完成的事」的習慣，讓自己變得更正向積極

●擁有與自己對話的時間，藉此整頓心靈

●察覺到問題並深入思考，因而能夠活得更加輕鬆

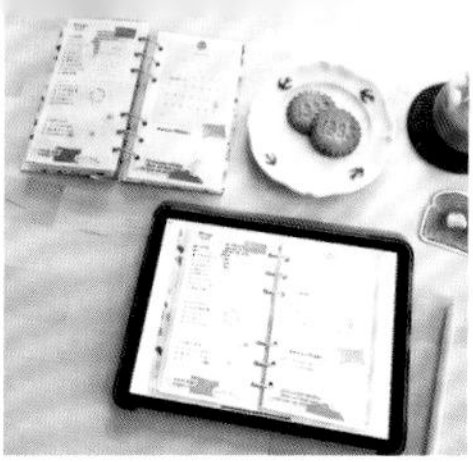

按下「行動鍵」整頓生活，實踐想做的事情

面對想要努力達成的目標，需要開啟自己的「行動鍵」時，手帳也能派上用場。另外不管像是家事、學習，還是管理家計等等也一樣，使用一本專屬的記事本，不僅方便整理資訊，也能夠提高幹勁。

為了掌握待辦事項或工作任務而使用的手帳，則是「獨家子彈筆記」。對於眼前的目標或是想要達成的計畫，筆記時必須以一個月、一星期，甚至是一日為單位來規劃。但是如果只是寫下目標或待辦事項，很容易就會感到心累，所以才會需要將「完成的事」也一併紀錄下來。而且人一旦鬆懈下來，就很容易轉移焦點，因此特意寫下已經完成的事情，不但會發現「原來我完成了這些事！」而對自己更有自信，行動力也會因此跟著提高。

在這本手帳裡，還有既帶著玩心，又能幫助工作任務變得更輕鬆有趣，或者是在早晚時段標註「我想這樣過日

這就是所謂的標準款子彈筆記，訂定3個月後的目標，透過整理待辦事項，幫助自己離夢想越來越近。

子」的生活習慣等等的專屬頁面，我自己就是透過這個方式，找到真正想做的事情，與理想中的自己更加接近。

而為了讓做家事變得更加輕鬆，我也製作了一本以家務瑣事為主，專門整理日常相關、不可或缺資訊的「家事筆記」。這樣一來，不僅做家事時更輕鬆，生活也跟著變得井然有序；至於幫助提升學習效率而創造的「study weekly學習週計畫」，不僅促使我的學習進度超前，甚至因此讓我順利考取了好幾項資格證照。

或許也會有人覺得，使用這麼多本手帳或記事本「好像很麻煩」。雖然全部整理成單一一本也很好，可是當我在做整理的時候，經常會發生因為各式各樣的情報資訊全部混雜在一起，而不時重複出現的狀況，深感「光是一直寫，根本無法實際去活用」，所以最終才會發展成製作出各種用途專屬的手帳或記事本，而隨著將寫字變成一種習慣，自然而然地就會知道自己需要的是什麼。

再者，越是分類得清楚明瞭，越能夠製作出眾多個人專屬的「使用說明書」，進而跟著將個人心靈或日常生活也一併整理得井井有條。

推薦這樣的手帳或記事本

- **獨家子彈筆記　P46～**
- **家事筆記　P94～**
- **study weekly學習週計畫　P100～**
- **獨門家計簿　P102～**

將全部的家事整理成一冊的家事筆記、study weekly、家計簿等等，建議可以依照用途，製作不同的記事本。

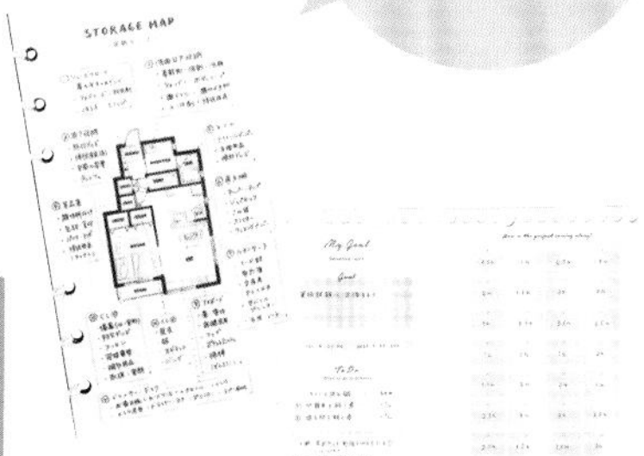

享受拼貼手帳的樂趣

除了「書寫」以外，手帳還能帶來各式各樣的樂趣，例如用心尋找符合需求的手帳或記事本、享受手帳封皮在經過長久使用，而有了歲月印記的變化、收集過去歷年使用的手帳，偶爾拿出來回顧一番等等。但是諸多樂趣之中，當屬「手帳拼貼」最能夠在回頭翻看時勾起興致，畢竟每一頁都是自己花費心思妝點，獨一無二的特別設計，而且專心致志在製作拼貼設計時，整個人的心情都會平靜下來，可以說是有著多樣的迷人魅力。

只要具備筆、膠水、貼紙或印章等小工具，就能馬上開始投入手帳拼貼，即使最初只有2～3張貼紙也沒關係，只要貼到手帳上就是拼貼設計的開始。而且我認為拼貼沒有所謂的正確做法，依照自己的想法並且樂在其中即可。拼貼本身就充滿了樂趣，就算是心情有點沮喪的日子，只要整個人投入到眼前的拼貼裡，負面情緒就會自然而然消

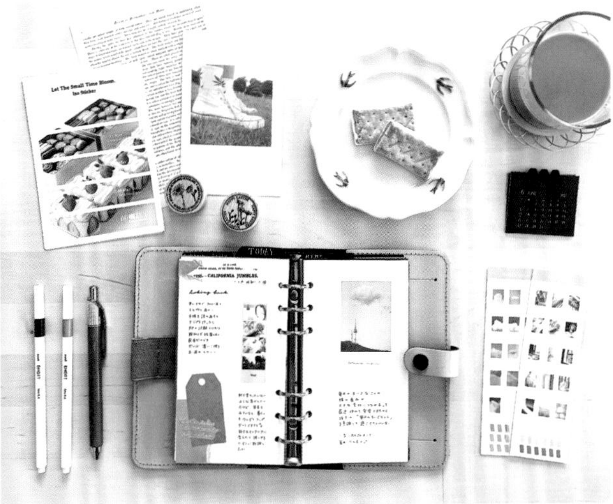

失不見，心情完全放鬆下來。再來，還有一點很吸引人的是，每次打開有拼貼妝點的內頁時，心情都會跟著興奮起來，甚至冒出「想要擁有更多本手帳！」的念頭。

提到手帳拼貼，很多人想到的應該都是用於紙本手帳的裝飾，但其實數位手帳一樣可以享受拼貼樂趣，只要透過APP，就能夠比紙本手帳更輕鬆地開始進行拼貼設計，不妨依據個人喜好來選擇使用。

收集用於拼貼的文具、相關素材也是樂趣之一。收藏好寫的原子筆、好用的文具等自己喜歡的手帳工具，光攤開來欣賞就足以讓心情雀躍半天。真正動手做時還能讓拼貼時光更充實，版面配置的構思也會更有變化。

更不用說現在全世界的手帳迷，會將自己的巧思分享在社群媒體上，我會沉迷於手帳拼貼也是受到相關貼文的啟發，意外發現「原來這樣的東西也能拼貼！」，深深感受到活用各式各樣素材的有趣之處。也有網友提供我不曾想到過的設計或版面配置，光是欣賞這些網友的創意就看不完，還可以藉機模仿、學習起來。

對於想要在手帳裡發揮個人創意特色的人，或者是不喜歡寫太多字的人，不妨先從「手帳拼貼」開始嘗試，感受手帳的魅力。

歷代愛用的手帳們

仔細回想一下，原來我在還是小學生的時候就喜歡寫日記跟做筆記，而會沉迷於各種文具、貼紙還有手帳等等，也是從此時開始的。

等到升上高中，雖然開始使用行事曆，但實際上書寫紀錄下來的也不過是考試日期、社團活動，與好友的聚會或對方生日等等。

真正開始認真寫手帳是在大學時期，偶然得知有許多人會使用「HOBONICHI手帳」，並將自己的拼貼創意上傳Instagram，受到吸引的我也跟著開始了手帳拼貼，同時也會將自己的設計放到網路上分享。

不過成為社會人士之後，每天忙於工作，沒有心思寫手帳的日子變得越來越多。儘管如此，我還是會盡量在提早下班回家時動筆，比起什麼都沒寫的日子，這種日子的晚上總是睡得比較好，身心都能獲得滿血復活。

辭掉原先的工作之後，在尋找新工作時，我曾幫一個策展網站寫文章，藉此時認識了當時國外流行的「子彈筆記」，並且立刻嘗試跟著一起做做看。結果無論是行動力

我的手帳歷程

小學生

把筆記本當日記寫，還會跟好朋友寫交換日記，同時著迷於各種貼紙和文具用品。

高中生

開始使用行事曆，目前愛用的原子筆「Uni-Ball Signo」（請參考P73），就是從這個時候開始使用。

大學生

（HOBONICHI手帳）

做完手帳拼貼並分享到Instagram上

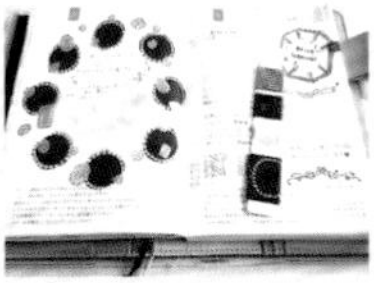

發現有很多人會做手帳拼貼並分享到Instagram，所以就買了「HOBONICHI手帳」並開始挑戰手帳拼貼，同時也會將成品上傳至Instagram。

就職

每天工作都很忙碌，越來越難維持1天寫1頁手帳的習慣，但只要偶爾有機會書寫，心情就會輕鬆許多，身心都回復到最佳狀態。

還是積極性都有所提升，不但年薪比前一份工作更多，還成功實現居家辦公的奢望，畢竟在舒適的家中工作就是最佳的職場環境！

只是換了新工作後，又因為與先生開始同居，個人時間減少，因此並不如自己當初計畫那樣擁有寫手帳的時間。但是當某一天，我睽違已久地再次寫了手帳後，發現心情舒暢許多，從此決定「打造一本無論再怎麼忙碌都能持續書寫的手帳！」，因而製作出原創的「心滿意足手帳」；也是在這個時候，我開始製作同為原創的「整頓手帳」。

婚後雖然還是持續工作，但因為通勤時間拉長、身體狀況變差，我下定決心想要找到能夠居家辦公的工作。為此我努力考取資格證照，也去學習網站設計，儘管擔心前途茫茫的時間變多，但這段期間裡，我也因為在「心滿意足手帳」中持續紀錄下美好的事或完成的事，而發現到自己真正喜愛的事物。另外也同樣是在這個時候，為了朝向夢想邁進，我正式開始書寫「獨家子彈筆記」。

就結果而言，我變得勇於積極挑戰新事物，於2020年1月創立個人YouTube頻道。在開始分享我的獨家手帳術的1個月後就開始有收益進帳，同年的11月，以「心滿意足手帳師mukuri」之名成立個人工作室。終於實現理想目標，開始在家從事自己喜愛的工作。

一開始曾嘗試使用記事本或活頁紙

〔子彈筆記〕

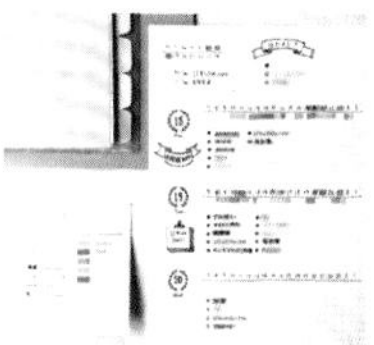

轉換工作

認識了「子彈筆記」，當時很沒自信，覺得應該要「改變現狀」而開始書寫，大約1個月後就成功找到工作。

〔心滿意足手帳〕

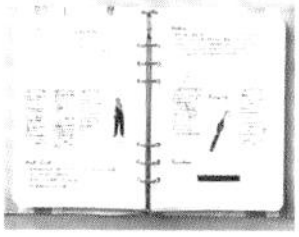

〔整頓手帳〕

開始同居

因為家事等諸多事務而忙碌不堪，設計出即使沒有時間也能持之以恆的「心滿意足手帳」，同時也開始書寫「整頓手帳」。

獨家手帳是從「weekly週計畫」開始

結婚

著手研究「心滿意足手帳」，以「weekly週計畫」為首，規劃出許多不同種類的內頁，也開始販售手帳模板。

朝著夢想或目標前進

〔獨家子彈筆記〕

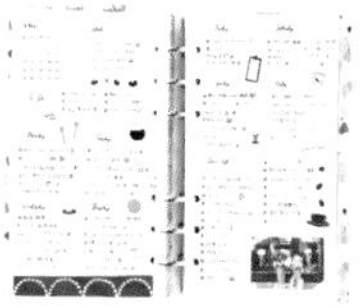

現在

2020年11月提出開業申請，可喜可賀地成為了個人工作室的老闆。透過Instagram或YouTube頻道來向大家介紹手帳的魅力等多元資訊。

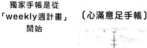

Chapter 2

從每天5分鐘開始

因為持之以恆地書寫手帳，

我變得更容易注意到好事，也加深了對自己的認識，

出現了許多正向積極的變化。

接下來會介紹我的手帳使用方法，

要不要從「每天5分鐘」開始挑戰呢？

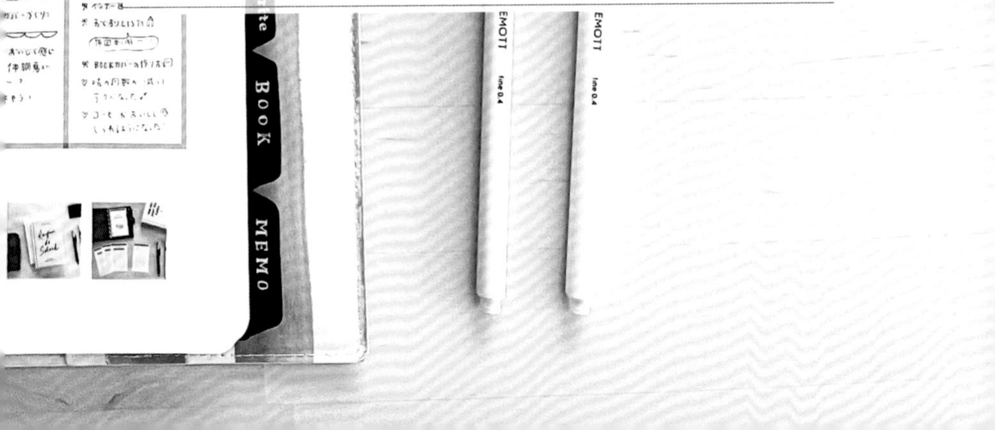

My morning routine
Good morning
6:00
7:00
手帳 TIME
STUDY
8:00
9:00
WORK
10:00
My night routine
DINNER
20:00
21:00
22:00
TIME
23:00
Good night
24:00
breathe
guide post
7 Jul
Schedule
7 wed DAY OFF
5 mon
6 tue
7 wed
8 thu
Wish List

依照不同目的分別使用

建議大家，手帳最好是依照目的分別使用，我自己就擁有好幾本用途不同的手帳或記事本。以前曾經試過通通寫進同一本手帳中，但考慮到「該怎麼樣讓自己使用起來更加便利」後，漸漸地手帳數量就開始多了起來。

主要使用的手帳共有3種，包括滿足心靈的「心滿意足手帳」、整理行事曆或日常生活的「獨家子彈筆記」，以及針對煩惱和思考時可以書寫的「整頓手帳」。為了方便使用，我全都規劃出了獨家格式。

另外，也可以依據用途或目的來製作各種記事本，像是「防災筆記」、「家事筆記」，以及「食譜筆記」、「獨門家計簿」等等。

不過我認為，剛開始挑戰就要分出好幾本不同目的的手帳或記事本會非常困難，所以要是自己有「想要挑戰看看」的手帳或筆記，不妨試著由此開始嘗試。至於手上已經有正在使用的手帳的人，當然也可以試著以添加個人想紀錄的內容或元素來進行。

如此一來，漸漸地就能找到與生活步調互相搭配的手帳。

＼我正在使用的手帳・記事本／

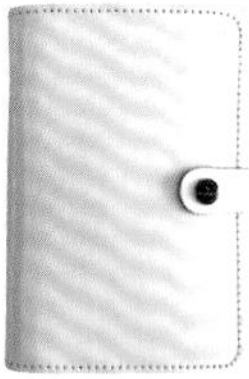

整頓手帳

配合右邊兩種手帳來使用，也很推薦加上手帳拼貼裝飾。

→ 64 頁

獨家子彈筆記

設定好目標準備執行，或者是為了實現夢想而採用的一本手帳。

→46頁

心滿意足手帳

紀錄下美好或完成的事，讓人感到心滿意足的一本手帳。

→26頁

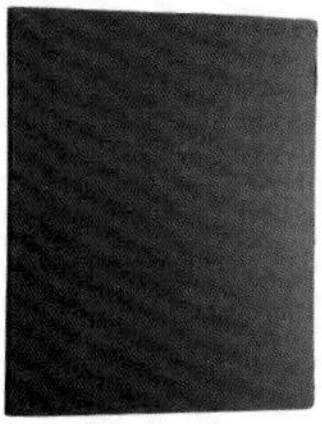

食譜筆記

專門整理喜歡的食譜，也可以一併整頓日常飲食習慣。

→98頁

家事筆記

整理家事項目，以及日常生活不可或缺資訊的一本記事本。

→94頁

防災筆記

紀錄避難場所、家人相關資訊等，災難來臨時就能派上用場。

→90頁

獨門家計簿

將金錢動向「可視化」，自然而然輕鬆存下一筆錢。

→102頁

study weekly

為了考取資格證照的學習計畫，也推薦用於減肥。

→100頁

心靈小語筆記

紀錄觸動心弦的金句小語。

→99頁

來開個「手帳會議」吧

有了「應該來寫寫看手帳」的念頭後，我希望大家先開個「手帳會議」，考慮清楚自己的用途、需要使用哪一種手帳後，再來找出符合需求的「手帳」。

儘管我自己現在的確是使用著好幾本的手帳，但是過去也曾發生因為在好幾本手帳上記事，到最後完全不記得在哪一本上寫了些什麼的情況。

如果能先開一次「手帳會議」，清楚瞭解到個人需要的手帳種類與功能，漸漸地熟能生巧後就能順利分類，減少各種資訊全集中在同一本手帳的困擾，下筆或翻閱時也更加順利。

想要清楚地分辨手帳使用目的，固然是需要經過多方錯誤嘗試。但還是要請大家先考慮清楚自己需要哪種手帳，寫下自己目前最重要的需求，開個「手帳會議」。剛開始當然也能先參考本書所提到的手帳，等到習慣之後，再找出最適合自己的手帳或記事本。

如何進行「手帳會議」

開始「手帳會議」時，首先要將使用手帳的目的寫在紙上，我自己是像下圖一樣搭配插畫寫出，並沒有規定做法，無論什麼方式都可以。重點是為了什麼目的、需要使用哪一種手帳，清楚確定「功能性」，再來做手帳的挑選。想要決定明年的手帳種類，或是覺得目前使用的手帳不順手時，請務必嘗試看看！

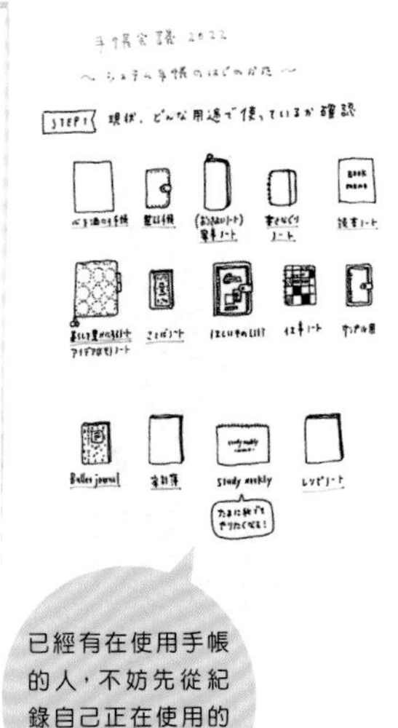

已經有在使用手帳的人，不妨先從紀錄自己正在使用的類型開始！

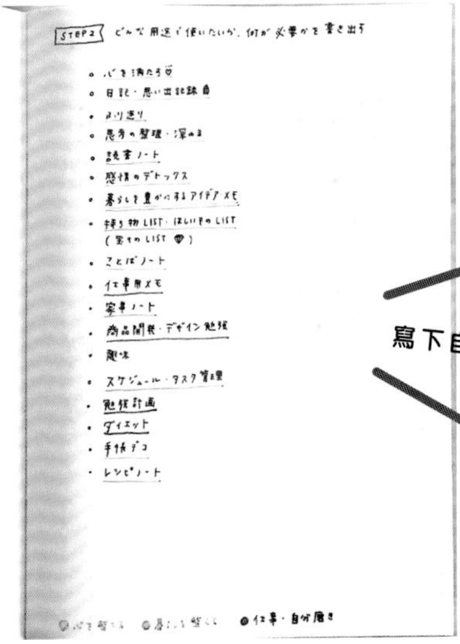

寫下自己的需求

手帳的挑選方法

決定好手帳的使用目的後，接著就是好好挑選外型及尺寸大小了。
如果選擇系統手帳，無論是自己DIY製作新的活動內頁，
或者是更換內頁都十分簡單，輕鬆就能製作出一本適合自己的手帳。

❶外型

系統手帳

〔活頁手帳〕

設計結構就跟一般雙環筆記本一樣，內頁可以360度攤平書寫。

〔拉鍊手帳〕

不需要擔心手帳中夾帶的東西會不見，攜帶也很方便。

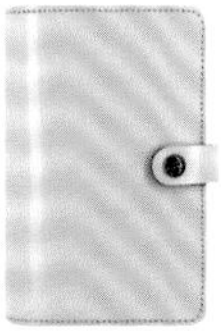

〔扣式手帳〕

最基本款的系統手帳，從種類到設計都非常五花八門，很容易找到自己喜歡的款式。

〔活頁夾〕

無論是厚度還是封面設計的種類都很多元，適合用在想要使用獨家設計的內頁時。

❷尺寸大小

特別建議用於「心滿意足手帳」！

〔A5〕

書寫空間充裕，適合需要管理繁複行事曆的人，或者是想寫下許多內容的時候。

非常適合作為「獨家子彈筆記」或「整頓手帳」！

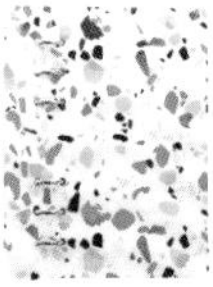

〔聖經尺寸〕

如同名稱，大小就跟聖經一樣，正好是手拿的尺寸。容易做手帳拼貼，選擇種類極多也是一大魅力。

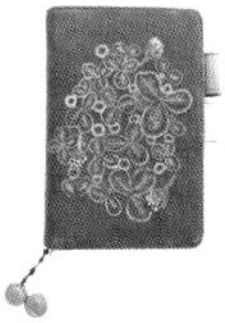

〔迷你6孔〕

最大的魅力是能夠放入包包或是口袋，適合隨時紀錄或是隨身攜帶。

心滿意足手帳

「心滿意足手帳」並不是要紀錄每天的工作任務或行事曆，而是一本專為留下「美好的事」或「完成的事」的手帳。在紀錄的過程中，心靈自然而然變得豐富，自信也會有所提升。對於沒有目標的人來說，或許在使用這本手帳的過程當中，就有機會找到想達成的夢想或心願。

每天只要5分鐘就很足夠，不妨試著開始書寫「心滿意足手帳」吧！

推薦給這些人

想提升自信的人

想找到目標的人

想開始使用手帳、寫手帳總是虎頭蛇尾的人

各種內頁格式

my favorite list
（愛好清單）

→ 34頁

my guide post
（目標索引頁面）

→ 40頁

Looking back on this year
（回顧今年達成度的頁面）

→ 44頁

心滿意足Weekly週計畫

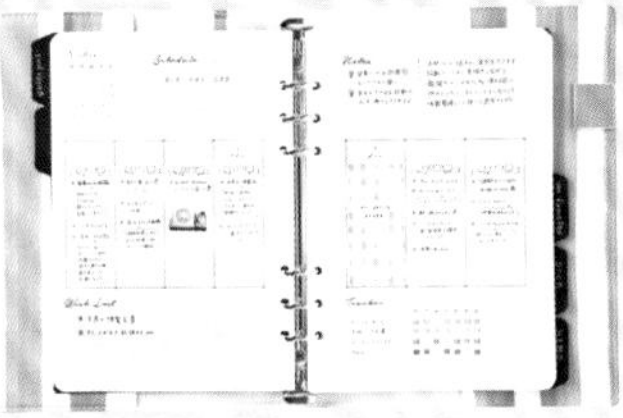

→ 30頁

Monthly月計畫

→ 36頁

Wish List 100
（100個願望清單）

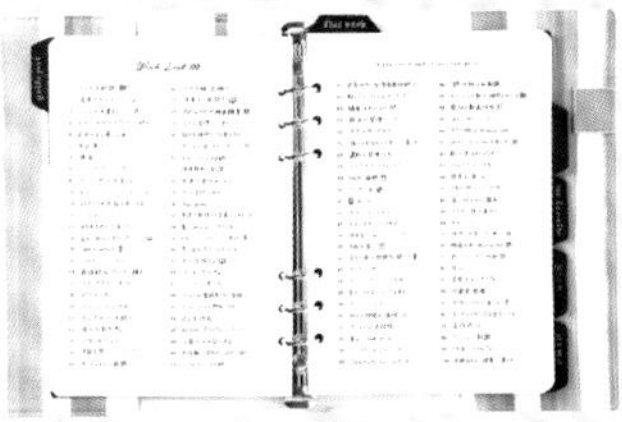

→ 42頁

＼ 從每天5分鐘開始 ／

開始「心滿意足手帳」的方法

在「心滿意足手帳」裡面，有可以透過文字留下覺得幸福或是很棒的經驗的內頁、
能夠預先寫下未來抱負或想做的事的內頁，
以及回顧過去1年的內頁等等。
首先要做的是每天花5分鐘紀錄日常幸福時光，
等到習慣之後，每隔1星期、1個月慢慢增加書寫的時間或頁數，
如此一來，自然而然地就能持之以恆，更加享受手帳時光。
接下來，就為大家介紹4個適合寫手帳的時機。

1 每天晚上5分鐘

書寫page Weekly週計畫

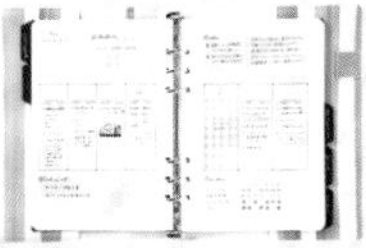

剛開始只寫這一頁也沒關係！

寫下當天完成或覺得開心的事情等內容，即使不是完整的文章，而是條列式紀錄也可以，難度非常低。只要每天晚上養成習慣，就能因此一夜好眠。

2 每週的結束＋下週的開始

書寫 page Weekly週計畫

回顧每天發生的事情、寫下當週的感想，並藉此展開「計畫擬定會議」，寫出下週的行事曆或想做的事項，以積極前進的心態向新的一週邁進。

3 每個月底＋下個月初

書寫 page Monthly月計畫

從週計畫所寫下的內容中，挑出格外有印象的部分紀錄於月計畫裡，透過這樣「每個月自我分析」的方式，慢慢瞭解到哪些是自己有興趣或者有成就感的事物，同時以此為基礎，繼續寫出下個月想做的事情，讓休假日也變得格外充實。

4 年尾＋新一年的開始

書寫 page Looking back on this year **回顧今年達成度的頁面**

包括寫下每個月印象深刻事物的頁面，以及回答問題的同時，回顧過去一整年的頁面。就算是原本認為「回顧每週或每個月發生的事情太麻煩了」的人，也會因為一年只需要做這麼一次而感到方便省事。

書寫 page my guide post **目標索引清單** Wish List 100 **100個願望清單**

在回顧完過去一年後，接著寫下新的一年的理想或想做的事等等，心曠神怡地開啟新的一年。

第一步就從這裡開始！

心滿意足Weekly週計畫

在心滿意足手帳當中，最希望大家先嘗試的部分就屬「Weekly週計畫」了。
這是為了將每一天完成的事、開心的事紀錄下來的頁面，
不需要花費太多時間書寫，不妨以輕鬆的心情開始嘗試看看吧！

mukuri的獨家手帳格式
掃描下載
「Weekly週計畫」！

《感受日常幸福的習慣》

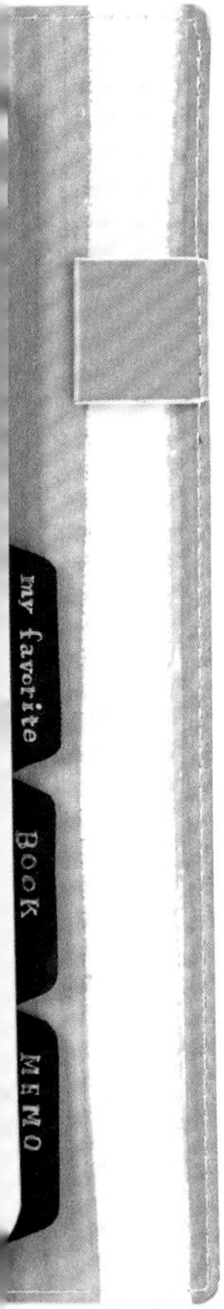

1 每週的開始

Schedule + Wish List + Tracker項目

預先寫下當週行事曆、想挑戰的事物或想要每天持之以恆的行動計畫。習慣之後，建議就可以將該週結束時的回顧與下週計畫同時寫下來，為全新的一週做好準備。

↘

2 每天

一日回顧 + 檢查Tracker

以條列方式將當天完成的事或美好的事簡潔了當地紀錄下來。要標記已經完成的行動時，可以用塗色的方式來表示！

↙

3 每週的結束

Notes

翻閱 2 來回顧過去一整週，接著寫下需要注意、值得學習的事物以及感想等等。

這頁是我在心滿意足手帳的內頁格式裡最早完成的部分。動機是在每天都很忙碌的那段時期，發現只要能把當天發生的美好事物寫下，心情就會變得暢快，並且能更積極地面對明天。也是因此才會想到「來創造一本即使再忙也能持之以恆的手帳吧！」，最終設計出每天只要花5分鐘書寫即可的手帳（當然，要是連這樣的5分鐘都沒有的時候，偶爾休息不寫也沒關係）。

想推薦大家的妙計是以條列方式紀錄，不僅能夠迅速地將空白內頁填滿，還會越來越容易發現過去總是錯過的微小事物及小確幸，甚至因此提升自信。加上自己獨創的記號，訂好規則並標出重點，之後回顧翻閱時，也會更容易記住這些內容。

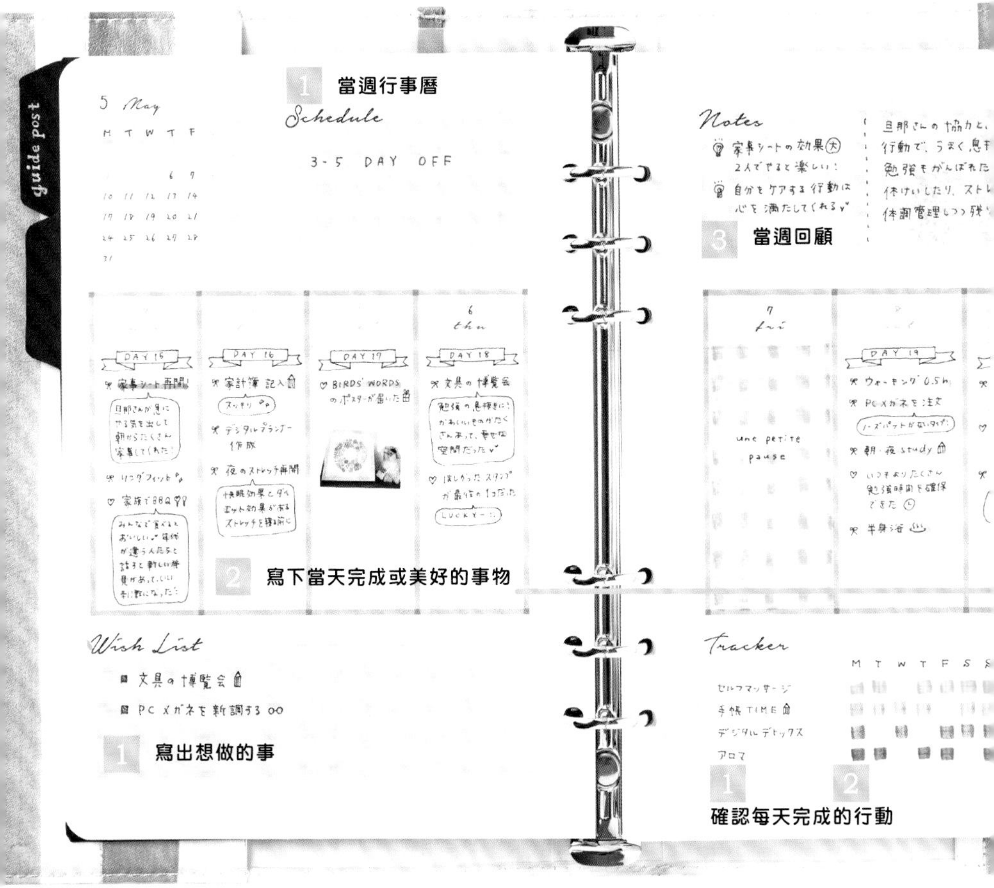

一開始看到「Weekly週計畫」時，很多人可能會擔心「我從來沒寫過這些東西…」，不過，只要能夠掌握每個部份的訣竅，就能自然而然地寫出來。接下來就為大家介紹書寫重點。

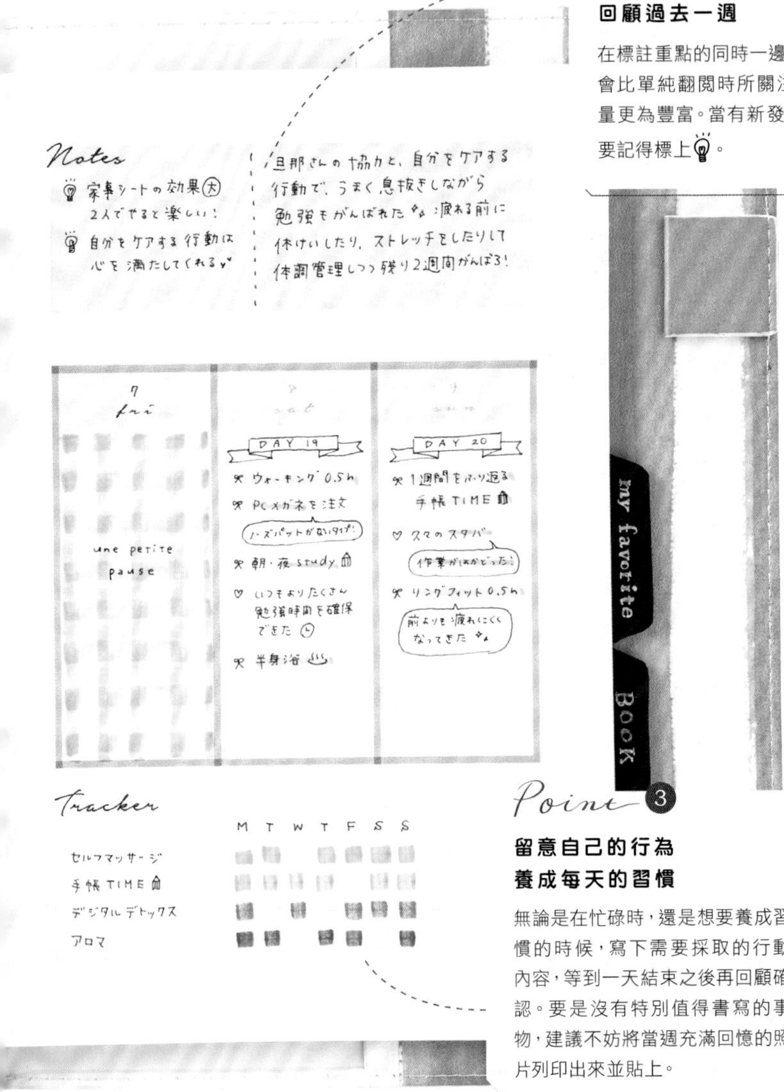

Point 4

一邊標註重點
一邊翻閱
回顧過去一週

在標註重點的同時一邊翻閱，絕對會比單純翻閱時所關注到的資訊量更為豐富。當有新發現時，一定要記得標上💡。

Point 3

留意自己的行為
養成每天的習慣

無論是在忙碌時，還是想要養成習慣的時候，寫下需要採取的行動內容，等到一天結束之後再回顧確認。要是沒有特別值得書寫的事物，建議不妨將當週充滿回憶的照片列印出來並貼上。

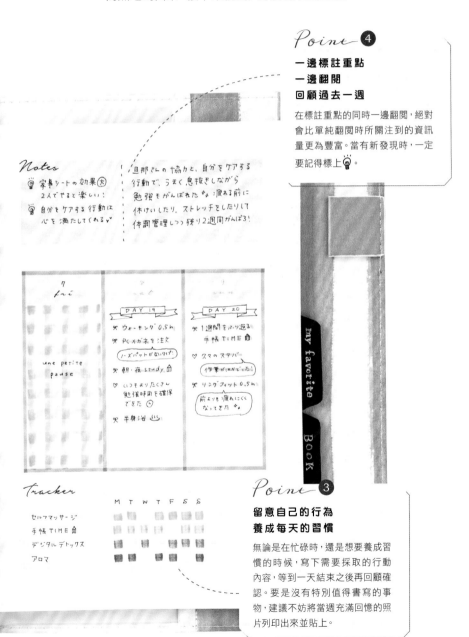

Point 2

標註重點
讓重要事項更為顯目

標出印象特別深刻的事物，色彩建議以3種為主。

- 感到幸福的事
- 在意的事
- 不想忘記的事

Point 1

每天回顧的部份
使用獨家記號
（KEY〔請參考P51〕）
＋條列式紀錄

使用記號加上條列式的簡單紀錄，不僅能讓手帳寫起來更順手，回顧時也更好懂。如果有需要補充的內容，建議不妨使用對話框的方式來增加。

獨家記號種類

🎀完成的事
為了自己而行動的事、比平常更順利的事，都可以加上蝴蝶結記號。這樣的記號越多，就代表自己越重視自己，是能夠提升自我肯定感的契機。

♡美好的事
當天發生的好事就加上心型記號，在回顧的時候就能因此湧出許多美好回憶，籠罩在幸福的氛圍裡。

☆最重要
印象深刻的事情加上星星記號就會格外顯眼，也可能會因此延伸出新的發現或感受。

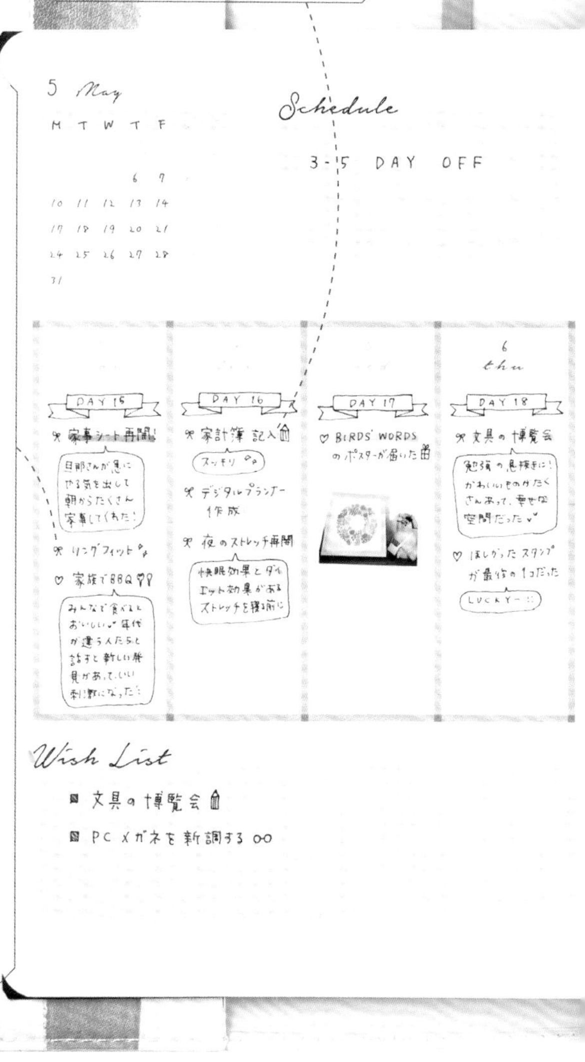

創造療癒時光的處方箋

my favorite list

— 愛好清單 —

「my favorite list」是專門紀錄喜歡的地點、書本、食物等等愛好的頁面。
填滿自己的「愛好」，在回顧時就能發現自己真正的需求，
並且因此變得幸福愉悅。

我的
「my favorite list」
封面長這樣！

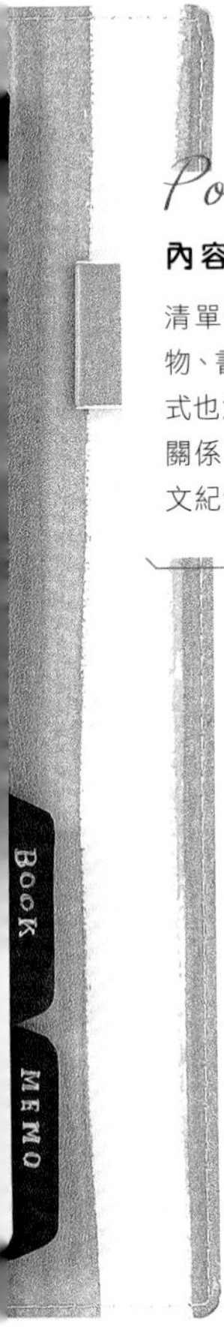

Point 1

內容、寫法都很隨興！

清單裡的項目並不限於地點、食物、書籍或者是電影等等，紀錄方式也沒有規定，即使只是單字也沒關係，當然要以條列方式，或是短文紀錄也都OK。

這個頁面所能帶來的好處

- **清單上滿滿都是個人「愛好」，光是翻閱就能獲得滿滿的幸福感。**
- **心情低落時翻開這頁，或許就能找到轉換心情的方法。**

建議把在紀錄「Weekly週計畫」時所發現到的各種愛好寫在這頁，或是在想到「原來我喜歡這個」、「這種時候心情特別好」時趕快補充寫上，讓清單越來越充實。

在壓力過大或心情低落時，我們很容易就會忘記自己喜歡的事物，或是找不到轉換心情的方法，所以每當遇到這種情況，我就會來翻閱這一頁。

只要看著清單內容就能夠消除壓力，也可以即時切換好心情，對我來說就是一份「減壓清單※」一般的存在。

除了在回顧時能夠感到幸福愉悅之外，也可以針對清單上的事項實際採取行動，創造專屬的療癒時光。

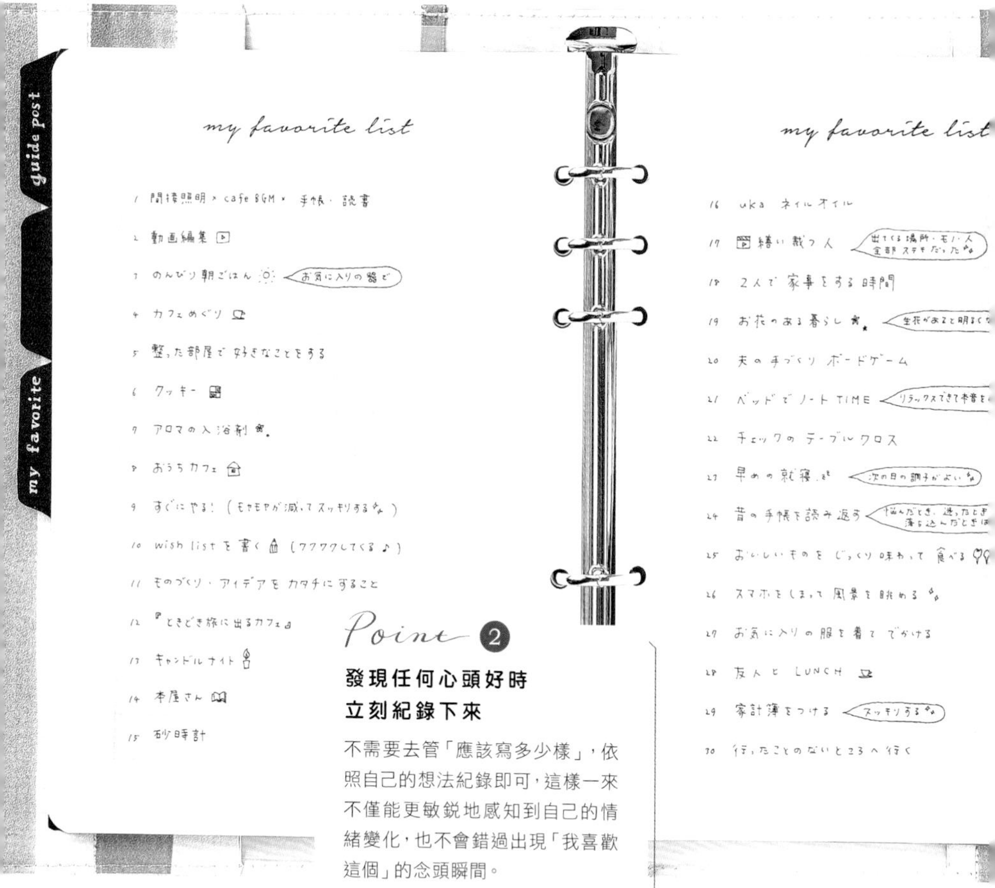
guide post
my favorite
my favorite list
1 間接照明×cafe BGM× 手帳・読書
2 動画編集
3 のんびり朝ごはん
お気に入りの器で
4 カフェめぐり
5 整った部屋で好きなことをする
6 クッキー
7 アロマの入浴剤
8 おうちカフェ
9 すぐにやる！（モヤモヤが減ってスッキリする）
10 wish list を書く（ワクワクしてくる♪）
11 ものづくり・アイデアをカタチにすること
12 『ときどき旅に出るカフェ』
13 キャンドルナイト
14 本屋さん
15 砂時計
my favorite list
16 uka ネイルオイル
17 繕い裁つ人
出てくる場所・モノ・人
全部ステキだった
18 2人で家事をする時間
19 お花のある暮らし
20 夫の手づくりボードゲーム
21 ベッドでノートTIME
22 チェックのテーブルクロス
23 早めの就寝
次の日の調子がよい
24 昔の手帳を読み返す
25 おいしいものをじっくり味わって食べる
26 スマホをしまって風景を眺める
27 お気に入りの服を着てでかける
28 友人とLUNCH
29 家計簿をつける
スッキリする
30 行ったことのないところへ行く

Point 2

發現任何心頭好時立刻紀錄下來

不需要去管「應該寫多少樣」，依照自己的想法紀錄即可，這樣一來不僅能更敏銳地感知到自己的情緒變化，也不會錯過出現「我喜歡這個」的念頭瞬間。

※整理出能夠消除或減輕壓力的行為的清單。

加深對自我的認識、讓生活更豐富！

Monthly月計畫

「Monthly月計畫」是繼「Weekly週計畫」之後，下一個能夠輕鬆開始的階段。Monthly月計畫分成兩部分，一個是用雙開內頁寫出下個月想做的事情的頁面，另一個則是回顧當月，能夠對自己有更深入理解的頁面。

《讓一整個月都變得充實的習慣》

1 **每個月的開始**

Monthly wish list

將想去的店鋪、想參加的活動、想做的事或者是願望等等全部紀錄在清單裡。

↘

2 **每次翻開時**

日曆欄

確定好計畫以後，就可以將期待的行程逐一寫下。

↙

3 **每個月的結束**

Week欄 + Notes

除了每週固定回顧翻閱之外，再以此為基準進行每個月的回顧。這裡也是以完成的事、美好的事為主來紀錄。

「Monthly月計畫」的左頁是用來紀錄令人期待的預定事項、想去的地點或活動等等。透過持續書寫這個部分，我也因此養成了尋找「有趣事物」的習慣，讓休假日不再只是軟爛無所事事，變得十分充實且有意思。

至於右頁則是以「Weekly週計畫」為基礎，來進行「每月一次的自我分析」。每週將難以忘懷的事物寫下，透過整個月的一覽就能輕鬆地進行分析，就連在閱讀自我分析書籍時，常常對問題答不上來的我，都能因為在手帳這一頁裡紀錄下許多能夠認識自我的提示，而漸漸地瞭解到自己感興趣或是想做的事物。

對於不清楚自己想做什麼的人，或是沒什麼自信的人，都很推薦嘗試看看。

〔豐富生活的page〕　〔每月一次的自我分析page〕

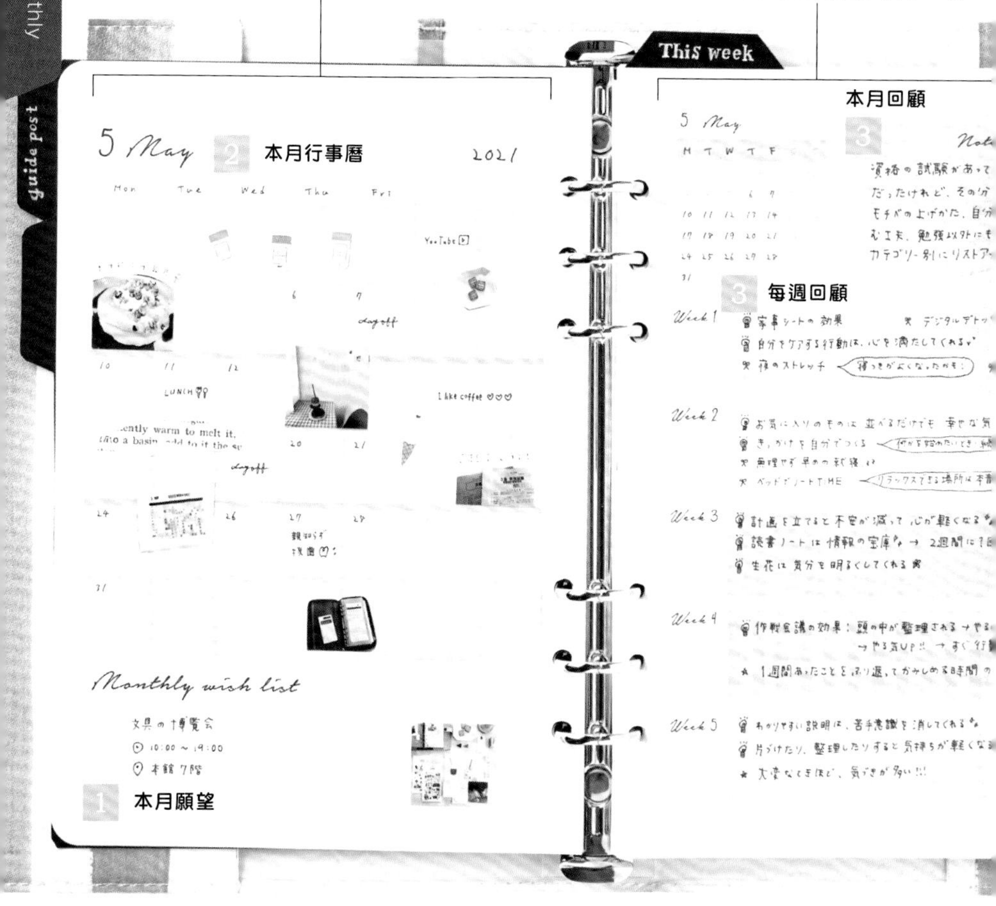

這頁也跟「Weekly週計畫」一樣，只要依照各個欄目的主題紀錄，就能夠輕鬆上手。即使只有1個月一次也沒關係，打開手帳看一看，肯定就會充滿「這個月也要積極向上！」的高昂情緒。

〔右頁〕每月一次的自我分析！

每週跟每個月都進行回顧。透過「每月一次的自我分析」，清楚認識到自己真正想做的事或是喜愛的事。

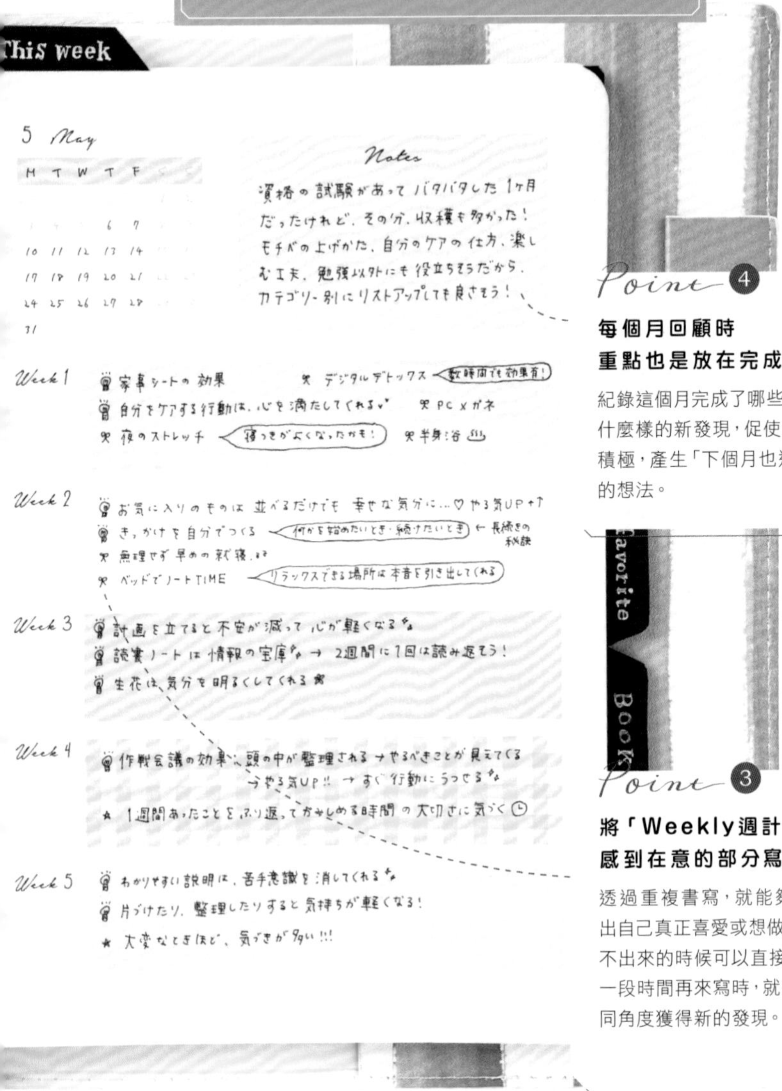

Point 4

每個月回顧時
重點也是放在完成的事

紀錄這個月完成了哪些事情、有了什麼樣的新發現，促使自己變得更積極，產生「下個月也這麼做吧」的想法。

Point 3

將「Weekly週計畫」中
感到在意的部分寫下來

透過重複書寫，就能夠輕鬆地找出自己真正喜愛或想做的事物。寫不出來的時候可以直接空白，等過一段時間再來寫時，就有機會以不同角度獲得新的發現。

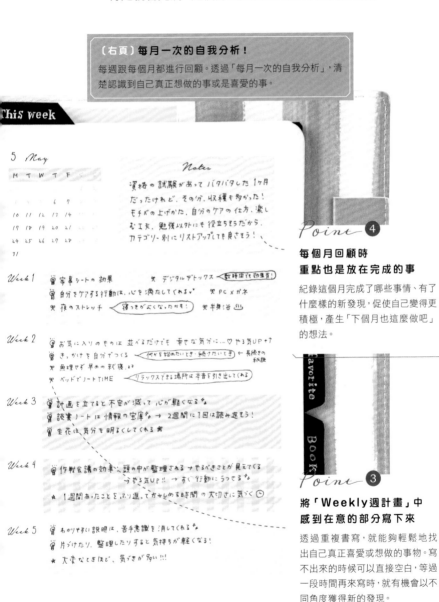

〔左頁〕提升每天生活的充實感！

紀錄下愉快的事物。透過寫下本月想做的事、令人期待的預定事項等等，讓每天的生活更加豐富。

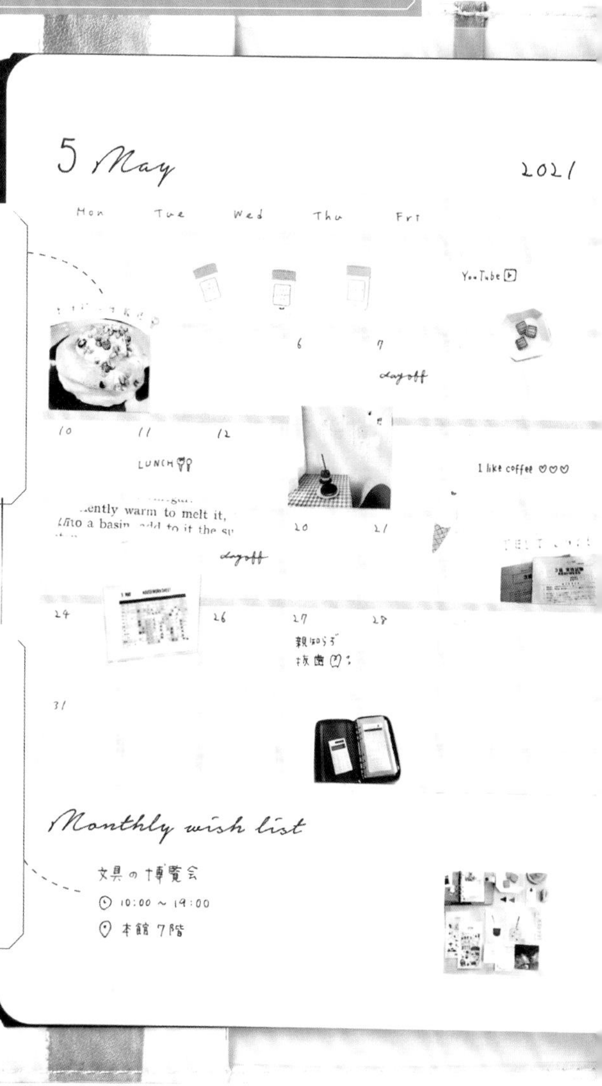

Point 2

紀錄回憶
成為豐富心靈的素材

紀錄的內容並非工作事項或計畫，而是寫下私人聚會或令人期待的行程、當天發生的事情等等。建議可以貼上照片，這樣就能更容易地喚醒幸福的記憶。

Point 1

為了能夠找到
「愉快的事物」

在持續忙碌的日子裡，一旦有空閒時間時卻會發現不知道該做什麼才好。就算1個月只有1次也好，透過「尋找愉快事物」，找到想造訪的店鋪等等並紀錄下來，就可以獲得更迷人的休假時光。

將理想「可視化」並實現

my guide post

— 目標索引頁面 —

「my guide post」是寫下關於「我想變成這樣！」、
「我想過這樣的生活！」等自我理想的頁面。在遇到煩惱、迷惘的時候重新回顧，
或許就能找出正確的方向，成為踏上成功之路的指南。

我的
「my guide post」
封面長這樣！

利用「Monthly月計畫」來進行「每月一次的自我分析」，找到自己理想的生活模式或夢想後，建議不妨將這些理想寫下，讓它們「可視化」。以我為例，就列出了「住居」、「生活」、「家庭」、「工作」、「健康・美容」和「其他」這6大項，主題自訂沒有限制。

至於書寫的時機，以歲末年終或迎接新年，想讓自己煥然一新之際最為合適。因為在紀錄完一整年的事情之後，自己的目標方向會變得清楚，自然出現「新的一年也要繼續努力」的想法。

之後要是遇到迷惘或煩惱的時候，只要翻閱這些頁面，就會充滿幹勁。如果都不回頭翻閱，很容易就會忘記，所以我會每天都看一次，將這些文字刻在腦海當中，如此一來就會主動採取各種能實現夢想或目標的行動，理所當然地與實現理想更為靠近。

Point 1

不寫「想做～」
而是用完成式的方式紀錄

想像「無論什麼願望都能實現」，接著就將各種夢想、目標通通寫出來，並用「已經實現」的口吻，以完成式紀錄，這就是最終能實現的重要關鍵。

Point 2

書寫的理想要很具體
目標也要非常明確

與其不著邊際地寫下「想要變得幸福」，具體化的書寫才能夠讓目標變得明確。例如在「家庭」這個項目裡，比起寫下「美滿的家庭」，不如寫「每天笑聲不斷的家庭」等才更有意義。

Point 3

運用照片、圖畫
想像起來更加容易

除了文字，也能加上照片或圖畫，讓想像起來更容易。例如在「住居」這邊，不妨貼上理想的房屋格局；「生活」的部份則是貼上與品味相關的照片等等。

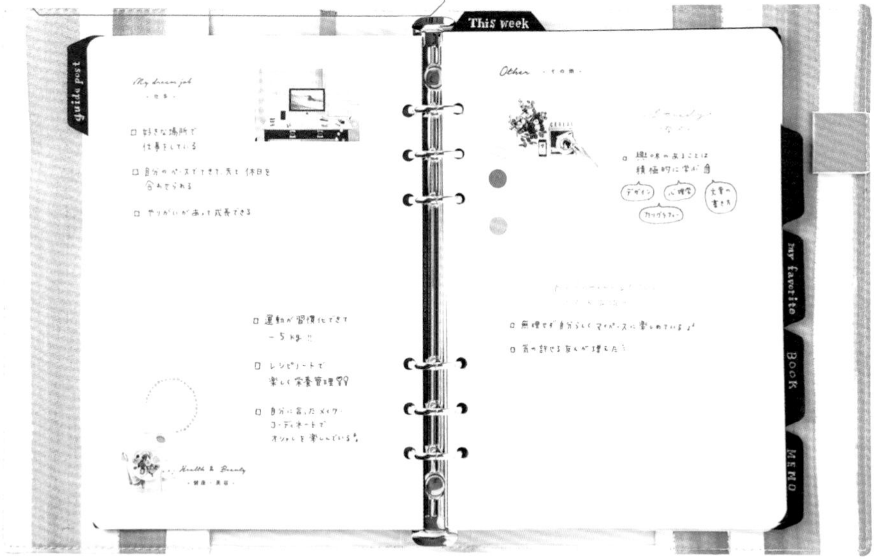

寫下大量的自我期許與願望

Wish List 100

— 100個願望清單 —

這是將100個自己想挑戰的事物、
想要的物品等等寫出來的一份願望清單。
無論是哪個類別都可以，只要將期待、願望寫成文字，
就可以加深對於自己的理解。

This week
If you can dream it, you can do it.
51. お店みたいな文房具収納
52. 軽くてたくさん入るペンケース
53. 編集スキルUP
54. 朝活が習慣化
55. モダンカリグラフィー
56. 備えを見なおして安心して暮らす
57. 運動を習慣化
58. シルクのナイトキャップ
59. note再開
60. クッキー缶
61. 霜ばしら
62. 木のリストレスト
63. トラックボールマウス
64. 雑貨屋さんみたいなダスター
65. 手紙を書く
66. 宝もの箱を新調&鍵付き
67. サイクリング
68. デジタルプランナー作成
69. 自分に似合うメイクをする
70. ボーーッとする
71. ひとり時間を満喫
72. オシャレな日記帳
73. 革のipodケース
74. コンパクトなエコバッグ
75. ころんとしたティッシュケース
76. 調味料入れ新調
77. カメラで心が動いた瞬間を切りとる
78. 癒される動画作成
79. はき心地のいいスリッパ
80. テプラPRO or P-touch cube
81. BRUNOでおうちごはんを楽しむ
82. 軽くて使いやすいバッグ
83. SHOPカード作成
84. 四季を楽しむ
85. 持ち物LIST作成
86. 寝心地のよい寝具
87. ときめく器を集める
88. ものづくり
89. 理想のお家に引っ越し
90. 映画を月1本以上みる
91. 新しいレシピに挑戦
92. 花火
93. 姿勢をよくする
94. 冷蔵庫整理
95. 手帳TIMEを楽しむ
96. タイプライターで日記をつける
97. 家族旅行
98. クッション新調
99. 体重−4kg
100. 夫婦なかよく健康に暮らす!
my favorite

Point 1

無論是細碎瑣事或
覺得困難的事物
重要的是一一寫出

想去的地方、想吃的美食、想要挑戰的事物等等，無論想寫什麼都可以，不要去考慮「沒必要寫這個吧」、「這件事感覺不太可能」，只要提筆盡量寫下就好。

在「100個願望清單」中，不妨任意地寫出各種心願，即使只是突然浮上心頭的一個簡單想法也沒關係，只要全部寫出來就好。在寫下這麼多願望的同時，平常抽象的「喜歡」、「幸福」的樣貌也會因此而變得清晰，能從更加客觀的角度檢視自我。

書寫時機則是隨時。我自己是在新年時寫下來，等到年底再回頭檢視實現了多少個，而這也成為我每年年終的樂趣。對於很難一次就寫出100個願望的人，不妨依照自己的腳步，在想到時再慢慢補上就好。

另外也會因為寫下了「100個願望清單」，而讓心情自然而然地變得愉快。建議在情緒低落時寫出願望，成為讓心情由陰轉晴的轉換方式。

Point 2

馬上標註
已經實現的願望

已經實現的項目在完成當下就立刻劃圈標記，不僅能有「原來我已經完成這麼多了」的成就感，也會因此變得更加積極。

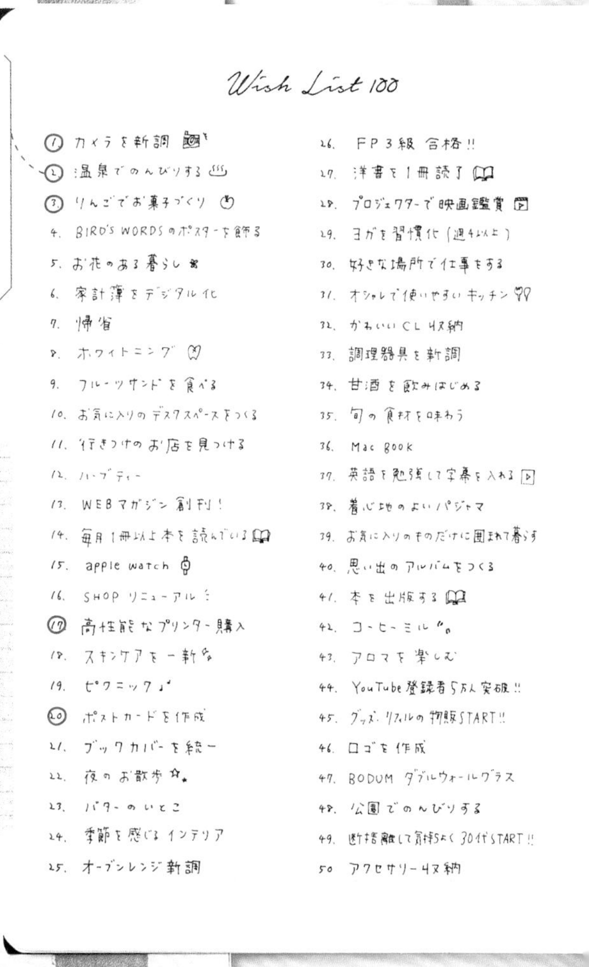
Wish List 100
1. カメラを新調
2. 温泉でのんびりする
3. りんごでお菓子づくり
4. BIRD'S WORDSのポスターを飾る
5. お花のある暮らし
6. 家計簿をデジタル化
7. 帰省
8. ホワイトニング
9. フルーツサンドを食べる
10. お気に入りのデスクスペースをつくる
11. 行きつけのお店を見つける
12. ハーブティー
13. WEBマガジン創刊！
14. 毎月1冊以上本を読んでいる
15. apple watch
16. SHOPリニューアル
17. 高性能なプリンター購入
18. スキンケアを一新
19. ピクニック
20. ポストカードを作成
21. ブックカバーを統一
22. 夜のお散歩
23. バターのいとこ
24. 季節を感じるインテリア
25. オーブンレンジ新調
26. FP3級合格!!
27. 洋書を1冊読了
28. プロジェクターで映画鑑賞
29. ヨガを習慣化（週4以上）
30. 好きな場所で仕事をする
31. オシャレで使いやすいキッチン
32. かわいいCL収納
33. 調理器具を新調
34. 甘酒を飲みはじめる
35. 旬の食材を味わう
36. Mac Book
37. 英語を勉強して字幕を入れる
38. 着心地のよいパジャマ
39. お気に入りのものだけに囲まれて暮らす
40. 思い出のアルバムをつくる
41. 本を出版する
42. コーヒーミル
43. アロマを楽しむ
44. YouTube登録者5万人突破!!
45. グッズ・リフィルの物販START!!
46. ロゴを作成
47. BODUM ダブルウォールグラス
48. 公園でのんびりする
49. 断捨離して気持ちよく30代START!!
50 アクセサリー収納

Wish List 100

實在寫不出來時……

不妨試著從「10個類別×10個願望」出發

無論如何都想不到還有什麼願望時，不妨先決定出「想做的事」、「想要的東西」、「想去的地方」、「關於工作」、「自我成長」、「回饋報恩」等10個類別出發，再根據每個類別寫下10個願望，這樣就能很輕鬆地填滿許願名單。

追憶過去，為新的一年做好準備！

Looking back on this year

— 回顧今年達成度的頁面 —

如果沒有時間能經常回顧，那麼可以從這個每年只要寫1次的頁面開始。將歲末年終、迎接新年的美好經驗或是回憶，特別紀錄下來並好好品味，就能讓心靈感到滿足，激發更多的幹勁來迎接新的一年。

我的「Looking back on this year」封面長這樣！

〔第1面雙開內頁〕 每月回顧

建議不妨與家人、伴侶一起一邊聊天一邊回顧

進行每個月一次的回顧時，如果能與共同度過大多數時光的親人朋友一起，會更容易想起當時的回憶或心情。

Point 2

「想不起來」的時候可以翻看手機照片或社群貼文

對11月或12月的記憶應該都還很清楚，但是1、2月的事情恐怕有些已經變得模糊。這種時候除了翻閱之前的手帳以外，也可以找找手機上的照片或社群貼文等等，幫助自己回想起當時的情境和心情。

Point 1

條列式紀錄印象深刻的事物

每個月寫下大約3件令自己難忘的事物，無論是完成的事或冒出的想法都可以，當然喜愛的事物也OK。

在「Looking back on this year」裡，我打造了兩種不一樣的頁面。一種是能夠每隔一個月紀錄下印象深刻的事物或回憶，另一種則是回答問題的同時，回顧過去一整年的頁面。

第一種頁面非常建議能與家人、情人或好朋友等等，這些一同度過眾多時間的重要人物一起回顧，像我自己會請老公一起回憶，透過一邊聊天一邊回顧當時的情景，不僅能讓回憶更加完整，也可能會出現「原來那時候是這樣的感覺」的記憶分享，成為機會難得的療癒時間。

另一種頁面則是以獨自一人書寫紀錄為佳，如此一來，不但可以思考清楚再下筆，同時也能更真誠地面對自己，或許也會因此有了嶄新的發現，對於新的一年的展望有所幫助。

〔第2面雙開內頁〕一邊回答問題一邊進行回顧

建議獨自一人
好好地回顧往事

由於能夠透過統整，面對過去一年最真實的自己，因此不僅有機會在迎接新年之際獲得新發現，心情也會變得煥然一新。

Point 1

只要先設定好問題
就能輕鬆回顧過去一年

雖然只是「回顧過去的一年」，但很可能會因為「不知道該從哪裡開始」而感到迷惘。因此可以先設定專屬的10大問題，而這些問題當然是依照個人情況來量身制訂！

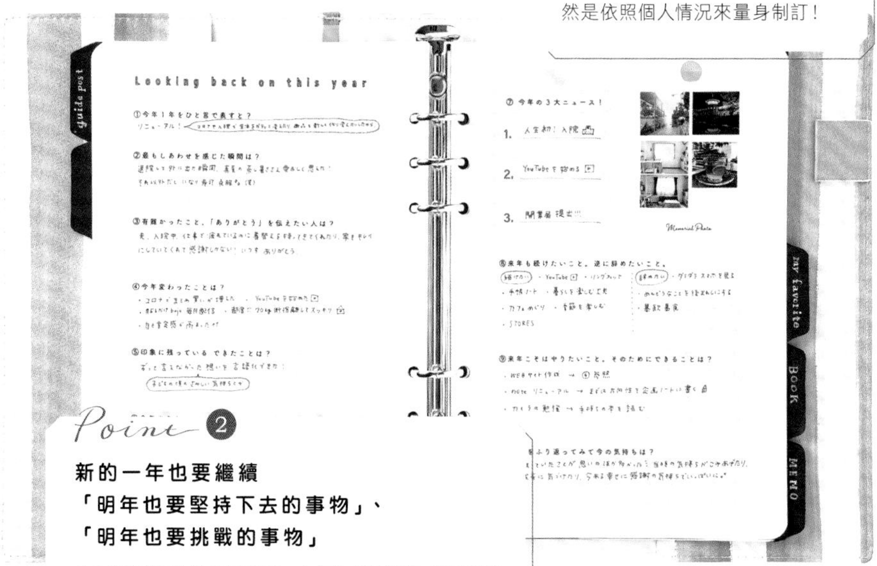

Point 2

新的一年也要繼續
「明年也要堅持下去的事物」、
「明年也要挑戰的事物」

今年做過覺得很棒的事情、今年沒做到明年想再挑戰的事物等等，這些明年還想繼續嘗試的項目，不妨在「my guide post」、「Wish List 100」紀錄下來吧。

獨家子彈筆記

「獨家子彈筆記」是一本能夠掌握每天行程或行事曆進度，「激發幹勁」的手帳。不僅可以有效率地管理工作進度，最大的特色就是能幫忙注意到已完成的事物，提高自己繼續前進的動機、增加自信心。

與「心滿意足手帳」一樣，就從每天5分鐘開始吧！

推薦給這些人

想讓自己充滿幹勁的人

想朝已訂定的夢想或目標邁進的人

想更有效率地管理待辦事項或工作任務的人

各種內頁格式

Weekly週計畫

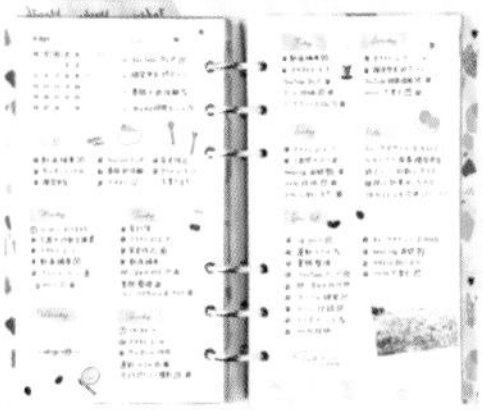

→ 54頁

Monthly月計畫

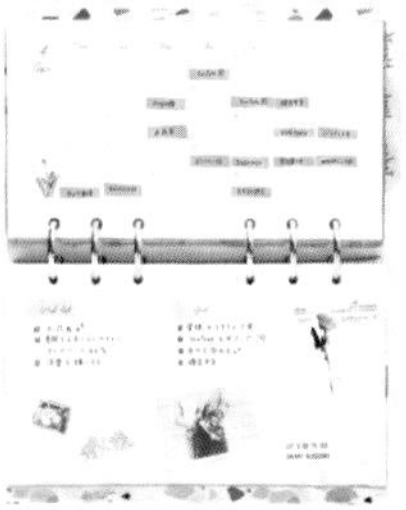

→ 52頁

My routine
（理想的生活習慣）

→ 60頁

BINGO page
（賓果遊戲）

→ 58頁

3個月後的目標頁面

→ 56頁

Future log
（未來計畫）

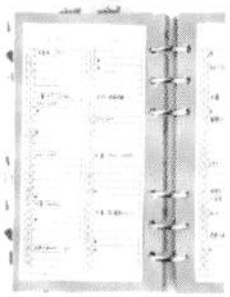

→ 63頁

Want to do list
（想嘗試的事物清單）

→ 62頁

Habit Tracker
（習慣追蹤）

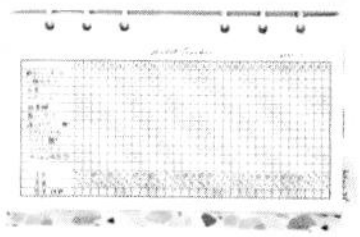

→ 61頁

朝向夢想或目標邁進

「獨家子彈筆記」的起手式

「獨家子彈筆記」是以紀錄自己的目標，
以及該做或是已經完成的事物為主。
與「心滿意足手帳」一樣，不妨先從每天5分鐘開始嘗試，
等到具備固定時間書寫手帳的習慣以後，
再慢慢增加打開使用的時間以及書寫的篇幅。

一開始 **先同時設定好「Monthly月計畫」與「Weekly週計畫」**

透過下方的QR code下載並列印出來，再黏貼至手帳內頁後就完成了。

「Monthly月計畫」與「Weekly週計畫」的必須素材全都集中在一頁裡。

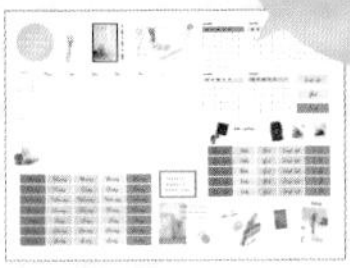

掃描下載Monthly月計畫與Weekly週計畫的內頁！

一邊觀看影片一邊嘗試自己動手DIY！

1 每天早上5分鐘

書寫page Weekly週計畫

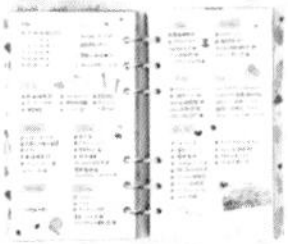

紀錄下當天想做或應該要做的事情，不僅能讓頭腦變得清晰，心情也會隨之變得振奮，狀態絕佳地展開新的一天。

2 每週的結束+下週的開始

書寫page Weekly週計畫

回顧每天寫的內容，並寫下回顧過去一週後的心得，接著以此為基礎，列出下一週的目標或待辦事項清單，清楚知道自己應該採取什麼行動。

3 每個月底+下個月初

書寫page Monthly月計畫

確認自己在上個月完成的事物，再寫下這個月想達成的目標以及為此自己應該付出的行動，同時紀錄下既定的行事曆，如此一來，就能更加輕鬆地制訂每日計畫。

4 每隔3個月

書寫page 3個月後的目標

紀錄下3個月後想完成的事物，寫出希望自己能夠成為的模樣，並整理出為此應該付出的行動。透過這樣一年4次，針對接下來3個月應該如何度過的「作戰會議」，無論是夢想還是目標都能更輕鬆達成。

管理好工作才能離夢想更近

啟用獨家子彈筆記

想要有效率地控管每日計畫時，最推薦的就是使用「獨家子彈筆記」。子彈筆記Bullet Journal是一種源自美國的手帳術，Bullet是英文的子彈，因為手帳中會使用到的「・」符號類似子彈而得名，Journal則是日記的意思。

子彈筆記的特點是將工作計畫或行事曆以條列方式寫下，使用稱為「KEY」的標記，紀錄目前的進度。這樣的書寫方式不僅能整理思緒，也能採取更有效率的行動。

我頭一次接觸到子彈筆記，是在準備轉職時，當時的我非常沒有自信，甚至還發生因為缺乏自信心，而婉拒原本已經錄取的工作這種事。為了改變這樣的狀況，我決定啟用子彈筆記。

就結果而言，我的幹勁變得比過去更為高漲，也能採取更積極的行動，最終甚至找到了環境與待遇都比原本更好的新工作。

所以後來我就將子彈筆記融入手帳中，製作出「獨家子彈筆記」，在「Weekly週計畫」或「Monthly月計畫」的頁面裡，寫下目標或工作計畫。不僅管理預定計畫比過去更輕鬆，行動力也有所提升，而且透過回顧這些計畫，也能從中獲得新發現與記取教訓，甚至因此激發出更多好點子。

獨家子彈筆記的優點

- **條列式書寫非常簡單，也能輕鬆地持續下去**
- **透過書寫讓思緒更清晰，還能整理出待辦事項**
- **工作計畫的進度變得一目了然**
- **增加對於日常的新發現，並因此誕生新的靈感**

《子彈筆記的重點》

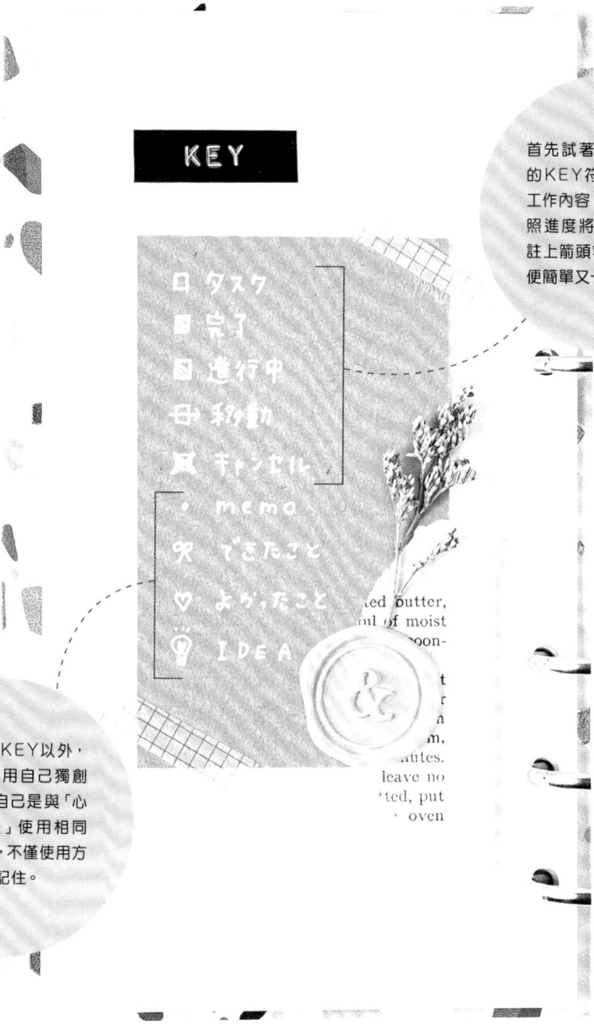

首先試著使用看看基礎的KEY符號，以口列出工作內容，接著只需要依照進度將之塗滿或再標註上箭頭等記號即可，方便簡單又一目了然。

除了基礎的KEY以外，也很推薦使用自己獨創的符號，我自己是與「心滿意足手帳」使用相同的標記符號，不僅使用方便也很容易記住。

使用KEY來管理工作

所謂的「KEY」，就是在條列書寫出來的項目之前添加的符號。基礎的KEY只是為了標註出工作計畫的進度。為了方便記憶，KEY可以依照自己的喜好設定，也可以製作個人專屬的符號。

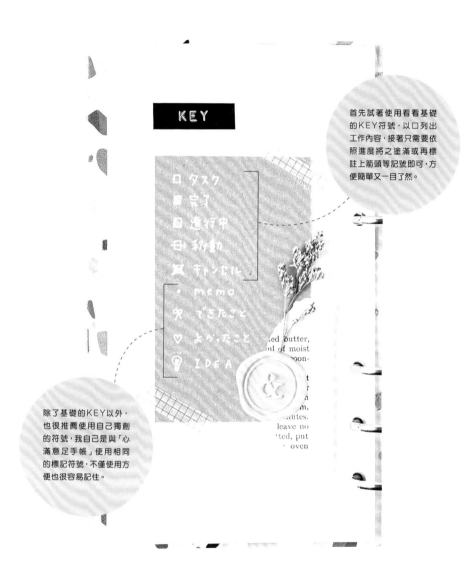

讓一整個月更加充實

Monthly月計畫

「Monthly月計畫」是獨家子彈筆記當中，希望大家最先開始嘗試的頁面。
不僅能讓整個月的計畫一目了然，行事曆或待辦事項也變得更加清楚，
使用這樣的手帳，漸漸地就能將日常生活安排地井然有序。

mukuri的獨家手帳格式
掃描下載
「Monthly月計畫」！

※ 使用方法請參考 P48

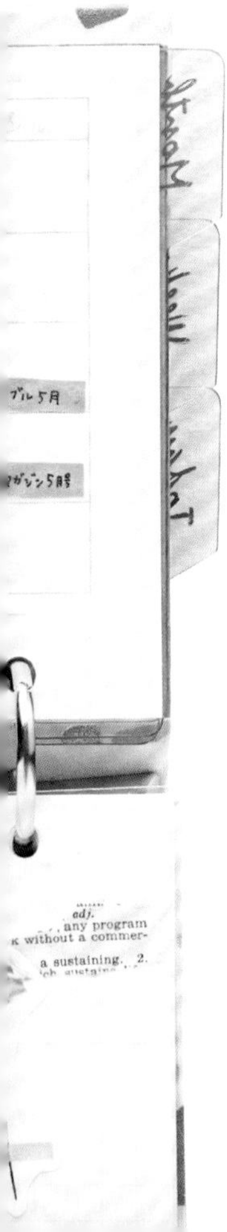

《整頓生活的習慣》

1 每個月的開始

日曆欄＋Wish list+Goal

加上行事曆，對擬定的目標或待辦事項更有概念，並藉此列出自己應該付出的努力。

2 每一次

日曆欄＋Wish list+Goal

適當地紀錄下已經訂定的計畫，偶爾加上「day off」的休憩時光。每次翻開時檢查已經完成的事項。

3 每個月的結束

將這頁做為參考，在「3個月後的目標」（請參考P56）等的回顧頁面裡一一寫下。

最適合用來管理預定計畫或工作任務的就是「Monthly月計畫」。利用子彈筆記的專屬格式，寫下當月目標或想辦到的事，完成以後就能輕鬆確認。

為了好好運用這頁，我以「想要擁有怎麼樣的一個月」為考量並展開作戰計畫，結果不但想做的事物通通辦到了，每一天更是過得無比充實。

擬定目標這件事，不但能為一成不變的日常生活帶來新鮮的刺激，原本懶散無比的休假日也會有所轉變，成為有意義的時光。

「Monthly月計畫」不僅僅是一份行事曆，還可以用來規劃待辦事項的截止期限，接著只需要在執行前就安排好計畫事項，就會願意採取更加積極的行動。

Point 1

把行程寫在便利貼或紙上再貼上來會更方便

與其將計畫或工作內容直接寫在手帳上，建議最好是先寫在便利貼或紙張後再貼上來，一旦有任何變動時就能輕鬆挪移。

Point 2

利用KEY來檢查目標或工作任務的達成度

想要檢查寫在「Wish list」或「Goal」的項目完成度時，使用子彈筆記的KEY來標註，就能輕鬆掌握進度。

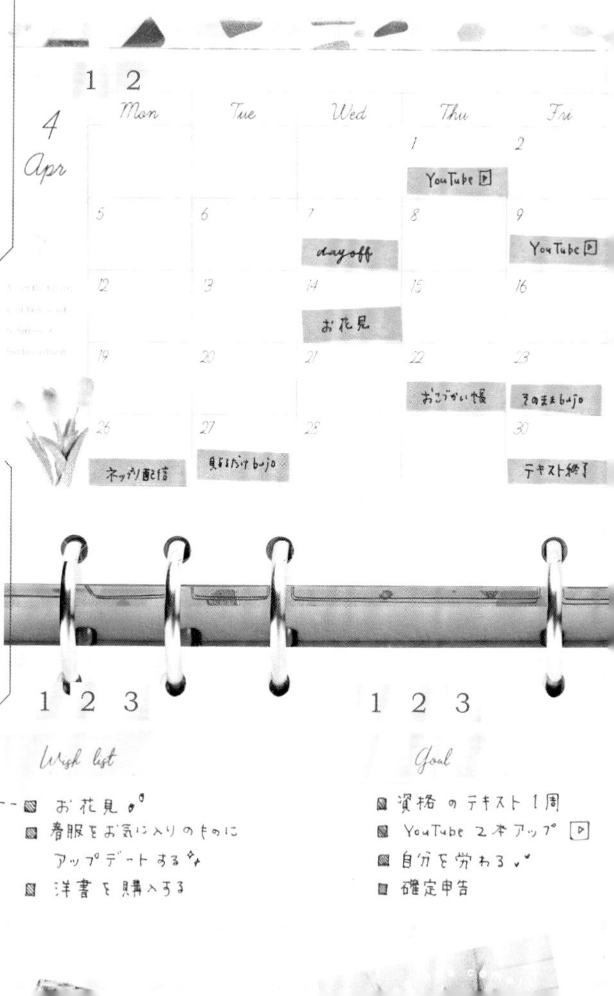

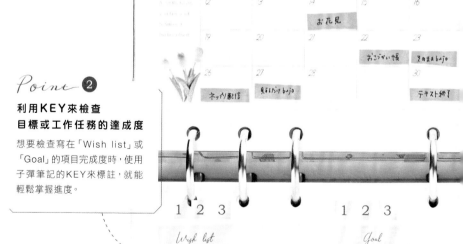

提高自我肯定感還能做好工作控管！

Weekly週計畫

「Weekly週計畫」分成寫下目標或待辦事項，以及已經完成事物的兩大區塊，透過一件件微小卻能確實做到的事物，在提升自我肯定感的同時，對於工作任務的執行也會變得更加得心應手。

mukuri的獨家手帳格式
掃描下載
「Weekly週計畫」！

※ 使用方法請參考 P48

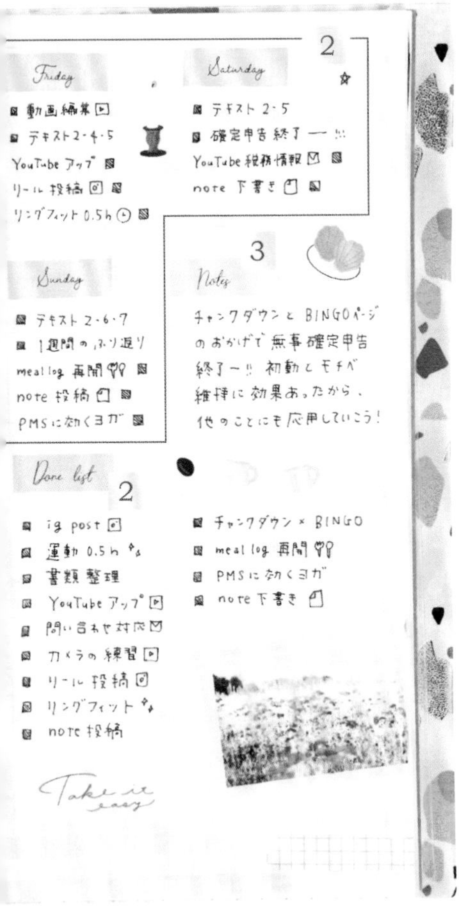

《豐富日常的習慣》

1 一週的開始

Goal + To Do

紀錄本週計畫或工作任務、待辦事項。

↓

2 每天

Done list + 每日事項

確認前一天完成的事項並寫在Done list裡，同時整理當天的待辦事項。

↓

3 一週的結束

Notes

一邊翻閱 2 一邊回顧過去一整週，將感想等一一紀錄下來。

這頁最大的特色，就是在內頁規劃出非常充裕的「Done list」（完成清單）空間。當要管理工作任務或行事曆時，通常都會認為需要靈活運用「To Do List」（待辦清單），我自己過去也非常重視「To Do List」。

可是這樣一來，很容易就會把注意力放在沒完成的事物，進而對自己產生懷疑，最後無法持續下去。因此我決定改為將「完成事項」以條列方式寫下來。

就算有一事無成的日子出現，但只要看著這份清單就會產生「原來自己已經做到了比想像中更多的事！」的想法，可以更直覺地認同自己所付出的努力，並隨著持續不斷的紀錄，逐漸提升自信心，變得更願意去挑戰各式各樣不同的事物。

Weekly

試著手繪符號吧

符號是可以讓手帳內容瀏覽起來更容易，還能增加可愛度的好幫手。下面為大家介紹幾個我常用的符號，不妨做為參考並試著自己動手畫畫看。

Point

依照KEY的位置
來區分工作任務與完成事項

工作任務的話，可以將KEY放在條列事項最前端；至於完成事項，則可以將KEY寫在最尾端，這樣的區分方法就能一目了然。

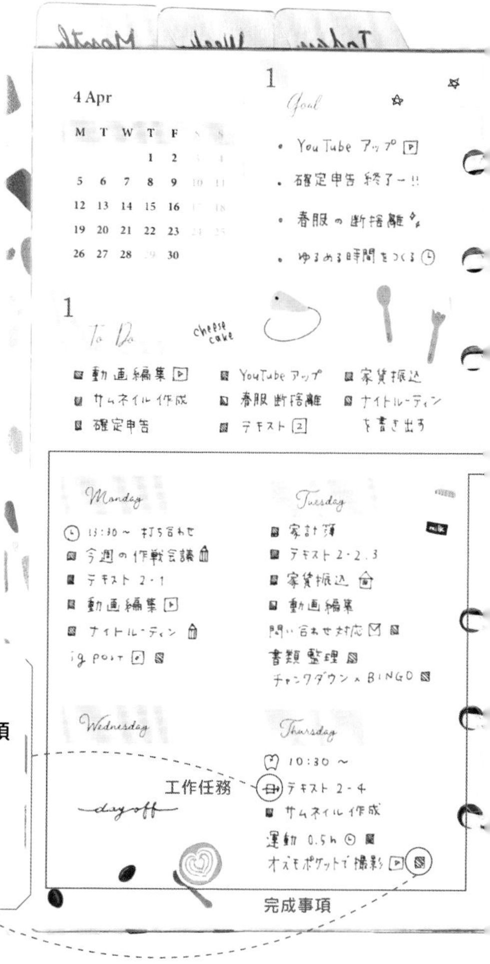

有計畫地達成目標！

3個月後的目標頁面

以控管目標或工作任務為主要目的的獨家子彈筆記，
建議以3個月為單位來訂定計畫，透過「3個月後的目標」，
1年展開4次的「手帳會議」，更容易實現夢想或達成目標。

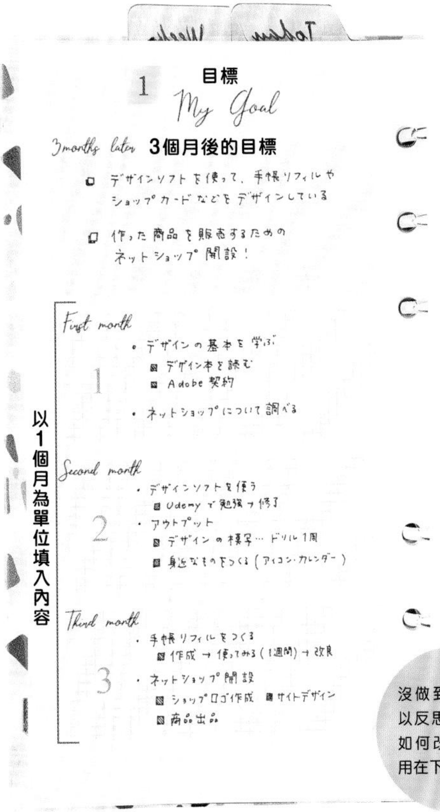

以1個月為單位填入內容

《1年4次的「手帳會議」程序》

1 My Goal

先大致寫下3個月後的目標，並且以1個月為單位整理出為了達成目標，所必須採取的事物或行動。

明確知道應該要做些什麼，更易於展開行動。

2 To Do list

從為了達成目標而收集相關資訊開始，整理出應該採取的行動。

3 Looking back 1

每個月重新回顧，隨意地寫下各種感想、心得。

沒做到的事，可以反思之後應該如何改進，以應用在下一次。

4 Looking back 2

紀錄3個月以來的總整理，以及未來3個月想怎麼度過等等。

這頁是在有明確目標，或是總有一天想實現的事物時可以派上用場的。關鍵就是設置「My Goal」、「To Do list」以及「Looking back」這3個項目，每個項目各自擁有單獨頁面，才能具備更寬裕的書寫空間。我自己是每隔3個月就會使用一次這個頁面，特別空出時間好好審視自己，並且為了達成目標而仔細訂定計畫，這樣的做法讓我和實現夢想之間的距離逐步縮短。

在擬訂計畫的時候，也會一併回顧過去的3個月，接著展開「手帳會議」，針對目標或工作任務的達成狀態、目前的完成度等一一確認。

這麼一來，每年就會有4次機會，可以回歸初心重新出發，對於進行地不順的事物也能修正軌道，自然而然更接近夢想！

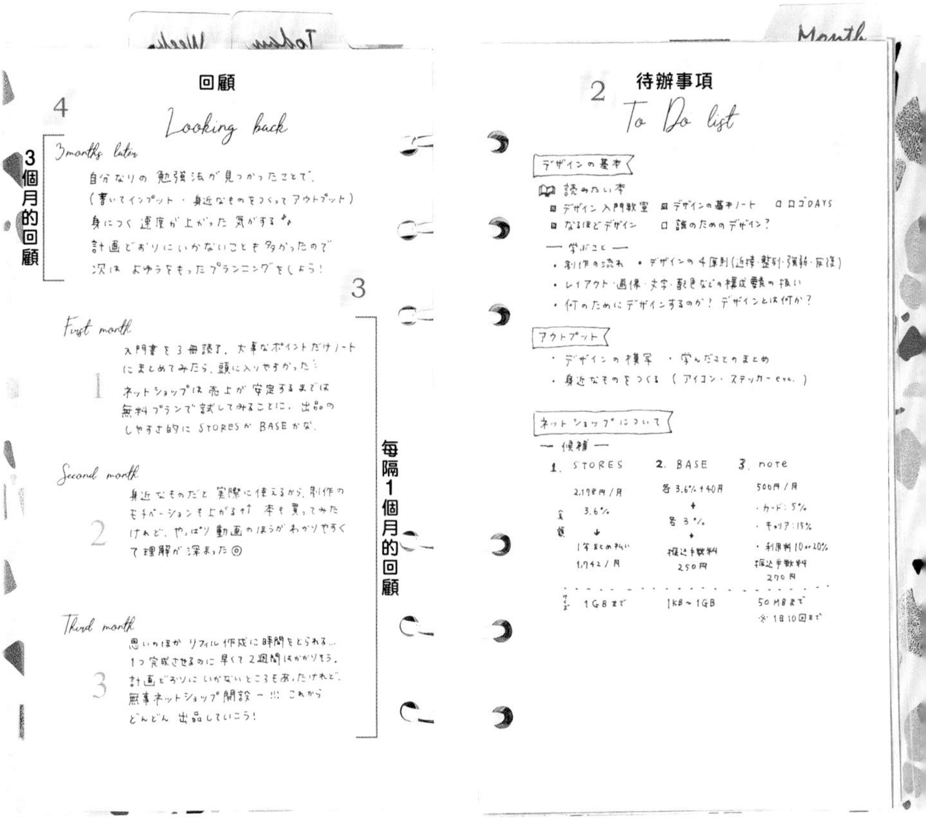

把「不得不做…」變成「我想做」

BINGO page

— 賓果遊戲 —

為了「愉快地進行」家事或學習等事物而設計出來的「BINGO」。
將應做或想做的事物取代數字，寫在賓果卡上，
就能夠讓這些日常瑣事像是玩遊戲般充滿趣味。

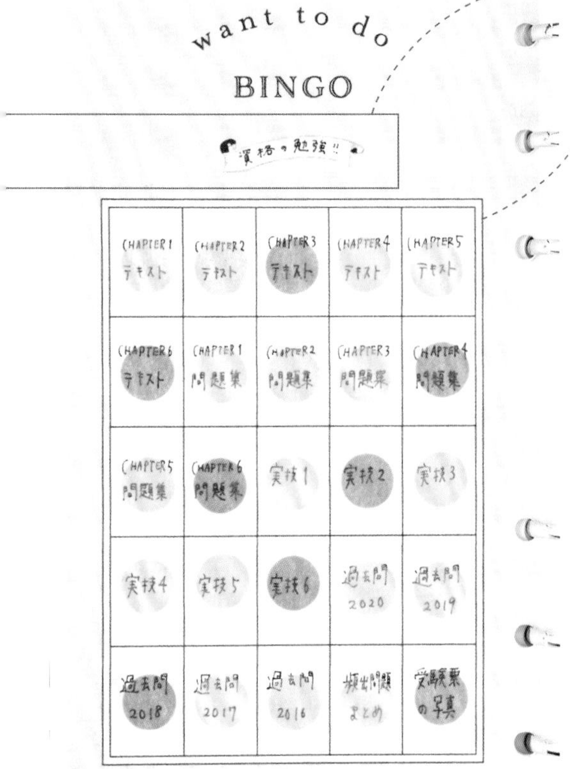

Point 1

將「非做不可」的事物設為主題

將大掃除、學習等等需要採取實際行動的事物，設為單一頁面的主題，再一一寫下相關的任務內容。雖然常見格式是25格，但也可以依照個人需求變化。

Point 2

在完成事項貼上貼紙提高幹勁

用賓果卡玩遊戲時，會在對應數字處戳洞，但為了不破壞手帳內頁，可以改用貼上貼紙的方式標示。建議使用貼上後也能看得清楚下方文字的半透明貼紙。

推薦這款貼紙

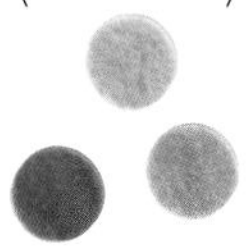

調色盤圓點貼紙

擁有可愛色彩的一款圓點貼紙，能看得到下方文字的透明感是一大特色（請參考P77）。

你是否也有明知道「非做不可」，但無論如何就是提不起幹勁的時候呢？其實只要發揮巧思，讓整件事變得有趣，原本因為義務性質而很討厭的事物，也能產生「我想做！」的積極心態，而這正是「BINGO」的立意。

其實最一開始，這是我為了做家事而設計的專屬頁面。單身時並不覺得做家事很痛苦，但與先生開始同居後就變得越來越討厭……如今回頭想想，當時因為變成兩個人共同生活而出現「非做不可」的義務感，也許這就是開始把家事和麻煩事劃上等號的原因。不過在設計出這個頁面後，我就變得能夠愉快地享受做家事這件事了。

除了家事，諸如學習、工作等等，不妨也可以試著用輕鬆的心情來挑戰「BINGO」看看。

Point 3

給自己獎勵

完成1條BINGO時可以「享用蛋糕」、完成2條BINGO時「購買心儀已久的器皿」等等，設定這些自我獎勵，更能提高積極度。

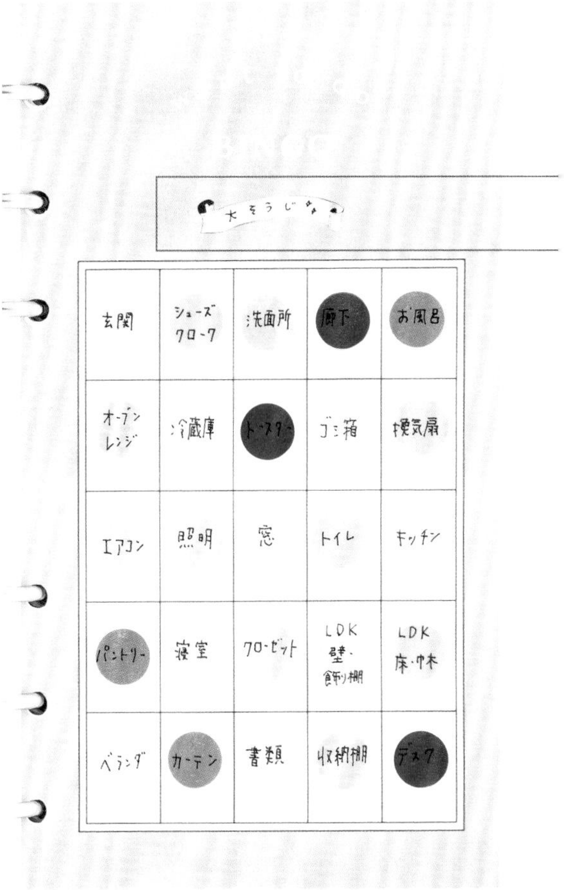

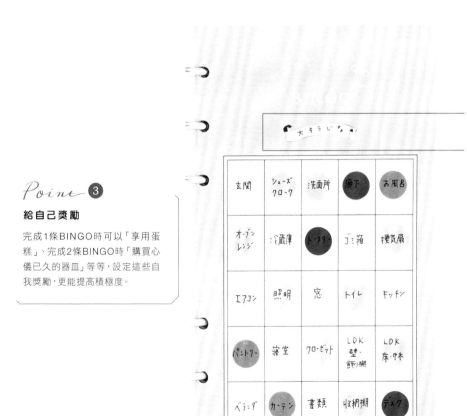

調整日夜生活習慣，朝理想中的自己邁進

My routine

— 理想的生活習慣 —

每一天都不應該是「馬馬虎虎」度過，如果能按照「我想這樣過日子！」的想法生活，那麼日子絕對會比現在更加豐富充實。透過寫下日夜分開的「理想的生活習慣」，並且用心地去經營度過，我的日常也因此自然而然地變得越來越有秩序。

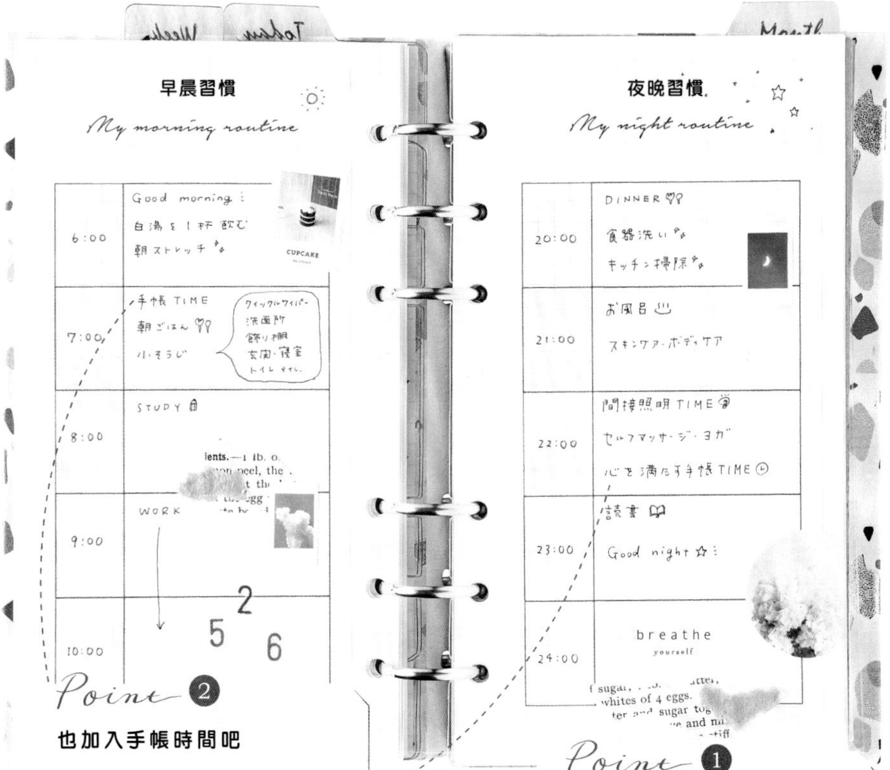

Point 2

也加入手帳時間吧

習慣裡也應該要保證每天早晚都能擁有手帳的專屬時間，利用這個時間寫下待辦事項，自然而然地養成好習慣。

Point 1

想整頓好生活的話
必須先重視早晨與夜晚

早晨的生活習慣會改變一整天的進行，夜晚的生活習慣則能讓睡眠品質發生變化。因此想要調整生活步調的話，第一步就要從改善早晚生活習慣開始。

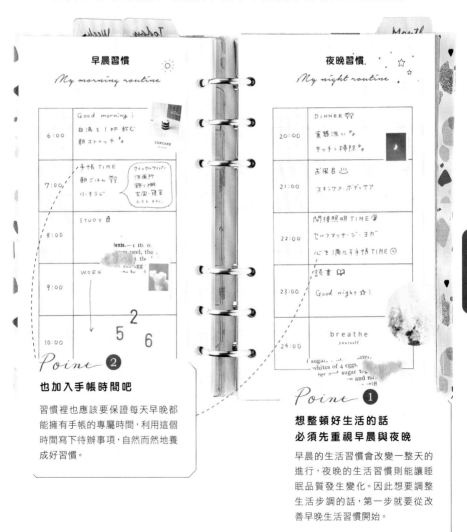

養成良好習慣

Habit Tracker

— 習慣追蹤 —

「習慣追蹤」是將想要養成的習慣製作成表格的頁面，
在已經完成的事物上打勾，將自己的努力「可視化」，
這樣不僅能夠保持熱情，還可以因此持之以恆下去。

Point ❷

列入善待自己的內容
比較不容易感到挫折

除了列出需要努力的項目，也加入善待自己的行為，如此一來就會比較容易堅持下去。無論是「按摩放鬆」還是「手帳時間」等等，只要是能療癒自己的事物都可以。

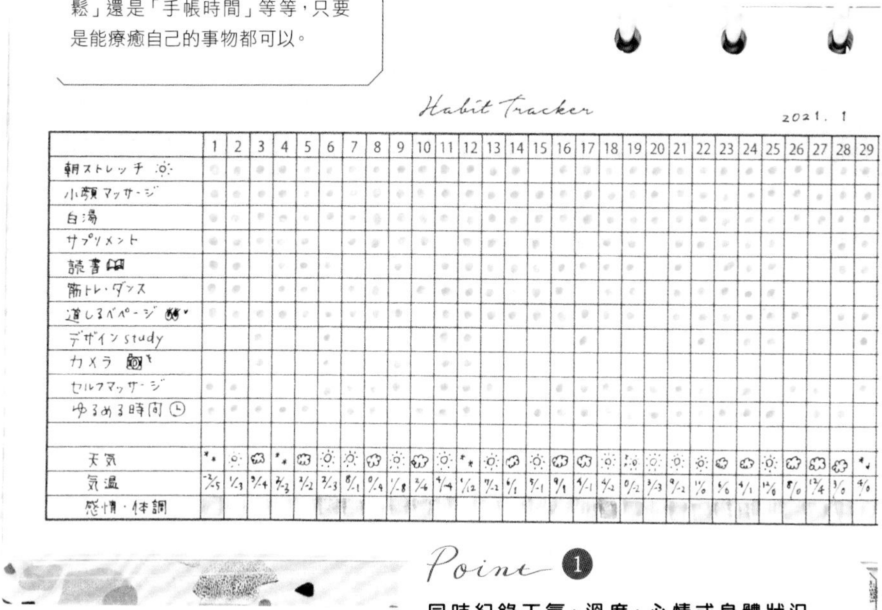

Point ❶

同時紀錄天氣、溫度、心情或身體狀況

同時紀錄天氣或身體狀況等，更容易理解自己每天的變化。藉由每天紀錄，一旦自己狀況不好時就能馬上察覺，進一步解決問題。

- 狀況絕佳
- 良好
- 普通
- 身體不適
- 心情低落

\零散時間也能有效運用！/

Want to do list

— 想嘗試的事物清單 —

「想嘗試的事物清單」
是一份列出有時間時想要嘗試的事物的清單。在忙碌的日子裡，
很容易就會將想做的事和自己的喜好通通忘得一乾二淨，這種時候
如果能整理出一份清單，就能夠將時間安排得更加充實，不再糊塗地過日子。

Point

無論是馬上就能做的事
還是需要花時間的事情都寫下來

不管是「穿喜歡的衣服出門」這種馬上就能做到的事，或者是「閱讀英語書籍」這種要稍微花點時間進行的事情，都先通通列在清單裡面，一旦有空閒時，再依照時間長短來挑選合適的行動。

建議分成4大類別

雖然也可以隨意地想到什麼就寫什麼，但我自己是將清單分成「想做的事」、「想看的書・電影」、「喜歡的事」以及「想去的地點」這4大類。因為可以書寫的項目非常廣泛，所以更能夠依照當下的心情去做選擇。

注意四季變化以整頓生活

Future log

— 未來計畫 —

「未來計畫」能夠預先寫下未來的生活計畫，
是子彈筆記的必備頁面。不過我自己是不太會去寫未來計畫，
而是寫一些像是二十四節氣、當令食物等等，
藉由紀錄這些節慶習俗或是季節性事物，讓自己充分享受四季之樂。

Point 1

特別寫下具有季節性的行程

寫下「整理夏季的生活雜物」等等每年必須進行的事物，有助於建立接下來的計畫，非常推薦這麼做。

Point 2

在開運的日子特別加上★符號

★是「一粒萬倍日」、★（帶光芒）是「天赦日」，為了能在開運的日子裡展開新事物，因此特別加上符號，以提醒自己記得採取行動。

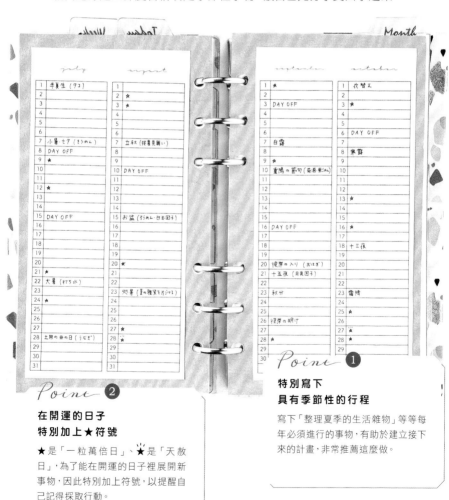

整頓手帳

「整頓手帳」有別於「心滿意足手帳」或「獨家子彈筆記」，屬於可以隨性自由記述、也能僅專注於單一主題，或是充分享受拼貼樂趣的一本手帳。

請在閒暇之際，或是心情煩悶的時候打開這本手帳，相信心情會隨著落筆越來越平靜，更容易誕生出全新的發現或創意點子。

推薦給這些人

想消除煩惱的人

想提升自我的人

想要隨心所欲享受手帳拼貼樂趣的人

在喜歡的時機翻開吧

「整頓手帳」的起手式

「整頓手帳」包含了能盡情寫出煩惱，好將思緒整理清楚的頁面，
以及能夠回顧過去一整週，找出在意的事物並繼續深入思考的頁面。
剛開始只在有所想法的時候書寫，等到養成習慣以後，
就可以在每週結束時打開手帳，好好地整頓內心。

1　有空閒時・每次

書寫 page　寫下在意的事

這是為了紀錄當下心境或思考事物的頁面。建議最好在沉迷於手帳裝飾拼貼、心平氣和的狀態下開始動筆。

→ 66頁

→ 69頁

書寫 page　展開斷捨離的頁面

面對在整理時無法乾脆丟棄的東西，可以先想想自己猶豫的原因，找出「內心癥結點」，藉此有所轉機，讓房間和心靈都能煥然一新。

2　一週的結束

書寫 page　回顧過去1週的頁面

→ 68頁

週末時將所有手帳重新回顧一遍，選出一件在意的事物並深入分析，不僅有機會發現問題出在哪裡，也可能因而找到自己接下來應該採取的行動。

以平靜的心情整理思緒

在意的事

有煩惱或陷入思考時，需要的就是寫下「在意的事」。
隨心所欲進行手帳裝飾拼貼、隨興寫下內心想法，做這些事情的同時不僅可以減輕內心的疲勞感，還能將大腦重新整理一番。

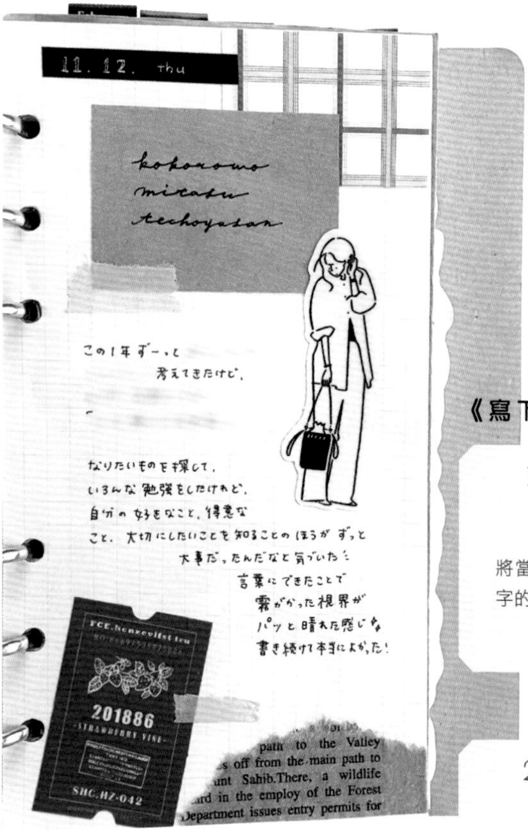

《寫下「在意的事」的順序》

1 **隨意地寫下煩惱或需要深思的事物**

將當下的想法直接寫成文字，一邊動手寫字的同時，逐步歸納出自己的想法。

↓

2 **一邊加上標註一邊翻閱回首**

針對在意的字眼加上標註，在回顧的時候不僅能更客觀看待，也會更容易產生新發現或新點子。而花點時間，重新回顧這些加了標註的部分，也是幫助更加認識自己的關鍵，因此非常推薦這麼做。

「在意的事」是專為紀錄在意的事物或煩惱而設計的頁面。事後回顧時，能夠以客觀的角度來看這些內容，重新整理雜亂無章的思緒，獲得新發現或解決對策，得到全新點子等等。

另外，在動手開始寫「在意的事」之前，希望大家先嘗試看看「手帳拼貼」，特別是在內心煩躁忙亂或感到不安的時候，透過手帳拼貼可以消除這些不穩定的情緒。因為在全心投入手帳拼貼時，不知不覺間心情就會平靜下來，自然而然遠離負面情緒。

在這樣心平氣和的心情下書寫文字，能夠更客觀地面對事物，也可以做出更冷靜的判斷，推薦大家嘗試看看。

Point 1

也可以使用條列或對話框的形式書寫

利用條列或對話框等方式，以自己最直覺的方式來做紀錄吧！總而言之就是將想法全都轉變成文字，幫助自己把思緒整理清楚即可。

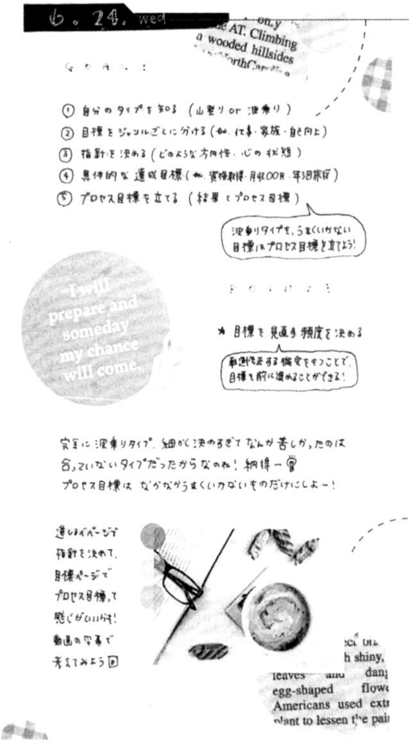

寫下「在意的事」的好處

- 將腦海中的想法轉變成文字，不僅能以客觀角度看待自己，也能釐清思緒。
- 書寫的同時，原先烏煙瘴氣的心情也會自然而然地變得正面積極。
- 因而冒出完美的解決方案或創意。
- 專注於手帳拼貼，藉此遠離負面情緒。

Point 2

隨心所欲創作拼貼空間

留下書寫文字的空間後就來盡情地做拼貼吧！比起計較拼貼設計得多好看，更重要的是集中精神在裝飾上，讓心情變得平靜。無論是寫字還是塗色都可以，就算不做拼貼，只要是能讓自己投入的方式就行。

1週回顧

在每一週的尾聲，重新回顧所有的手帳內容，
從中挑選出一件在意的事物並深入探討。透過這頁的書寫紀錄，
有機會發現問題的癥結點，進而找出讓自己或生活都能變得更好的升級關鍵。
或許也能找到接下來應該採取的正確行動，形成一個改變自我的良好循環。

《回顧過去1週的順序》

1 從當週已完成的事物中挑選出一件，依照「在意的事」（請參考P66）的訣竅隨意書寫。

2 瀏覽回顧時，於在意的部分添加符號標記。

3 從寫下來或有符號標記的部分，獲得新的發現，藉此思考接下來想做的事並填寫在「NEXT」欄目中。

Point

依據「起承轉結」書寫

下筆時要是按照「起：已經發生的事」、「承：深入探討・分析」、「轉：新發現・教訓」、「結：下一次的行動」來寫，對於未來想做的事物或者任何發現，都將擁有更加明確的感受。

為了能在美好氛圍中生活

斷捨離

剛開始跟先生展開同居生活的時候，我深刻感受到自己的東西真的非常多，
為了能夠實現「只被喜愛的東西圍繞著生活」這樣的理想而設計出這個頁面。
只要開始使用這頁，就能發現無法斷捨離的「心靈盲點」，
進而養成痛快丟棄無用事物的習慣。

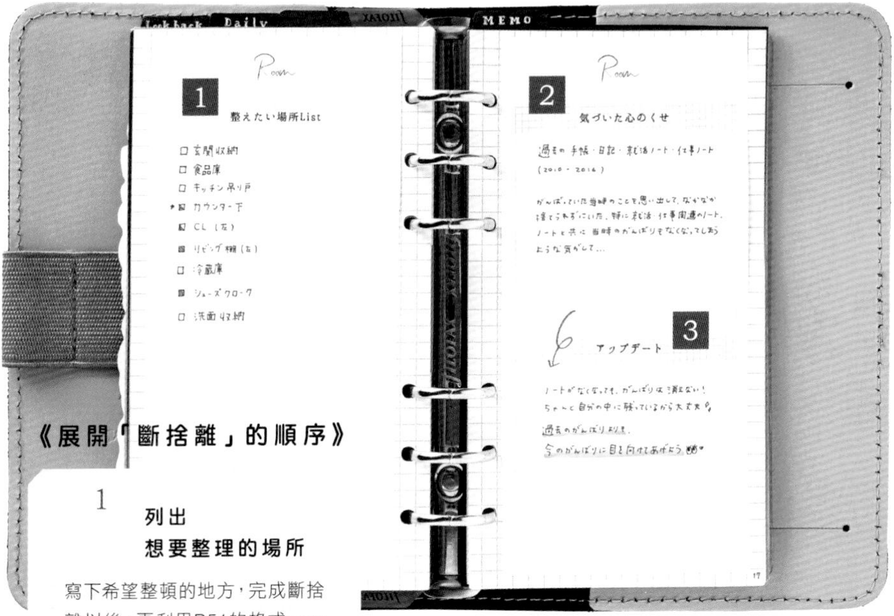

《展開「斷捨離」的順序》

1 列出想要整理的場所

寫下希望整頓的地方，完成斷捨離以後，再利用P51的格式一一打勾檢查。

↓

2 思考猶豫的原因

在進行斷捨離時，面對怎麼樣都無法割捨的事物，不妨想想為什麼會花這麼多時間猶豫，並且一一紀錄下來。

→

3 移除因為斷捨離而發現的心靈盲點

在發現自己無法做到斷捨離的原因，看到自己的心靈盲點後，自然也能把舊思維靈活地轉變成「下一次可以用這個思考方式來做整理」。

Chapter 3

可愛獨家手帳的誕生術

使用「手帳拼貼」讓內頁變得繽紛可愛，

不僅突顯個人特色，

還能創造出想一再翻看的迷人頁面。

接下來會為大家介紹拼貼素材和值得購入的文具用品，

跟我一起享受手帳時光的無窮魅力吧！

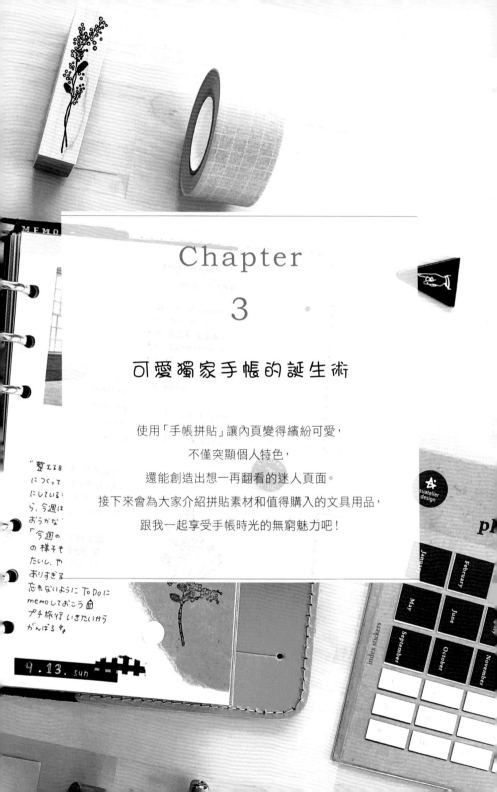

VersaMagic
Dew Drop
Chalk Ink - Encre à Effet Pastel - Tinta Gis
Sahara Sand
Sable du Sahara
Arena del Sahara
SEAL
LATTE
LIBRE COLLAG
one day at a time.
my one love
SOME
SEA
SOUN
CARAMEL
Lookback Daily
9. 8. tue
人生初！大腸
カメラ数
日前からソワソワ
して生きた心地
がしなかった←w
8:00から下剤
のんでトイレとお
友達に。2ℓの
みきる前に透明
になったから時間どおり病院へ。まさかの麻酔
なしでもう痛いし苦しいしどうしようかと思った
けどなんとか終了。20分くらいかな？結果は
粘膜もキレイで異常なし!!! 憩室1コだけで、
憩室炎じゃなかったらしい 無事に卒業
ホッとした—
Enjoy every Moment
Can change,
called the
weakness.
EUROPEAN BUTTERFLIES AND MO
streaks are either simple, or form several curves. They are calle
they form short rounded curves inwards and outwards; and denta
curves meeting in acute angles. They may also be
Among the spots, we must
There is often one

使用喜歡的文具
更加享受寫手帳的時光

寫手帳時最不可缺少的筆，以及也能當作拼貼素材的便利貼等等。
備齊這些好寫好用，設計又很可愛誘人的文具用品，
就能讓手帳時光更令人享受！

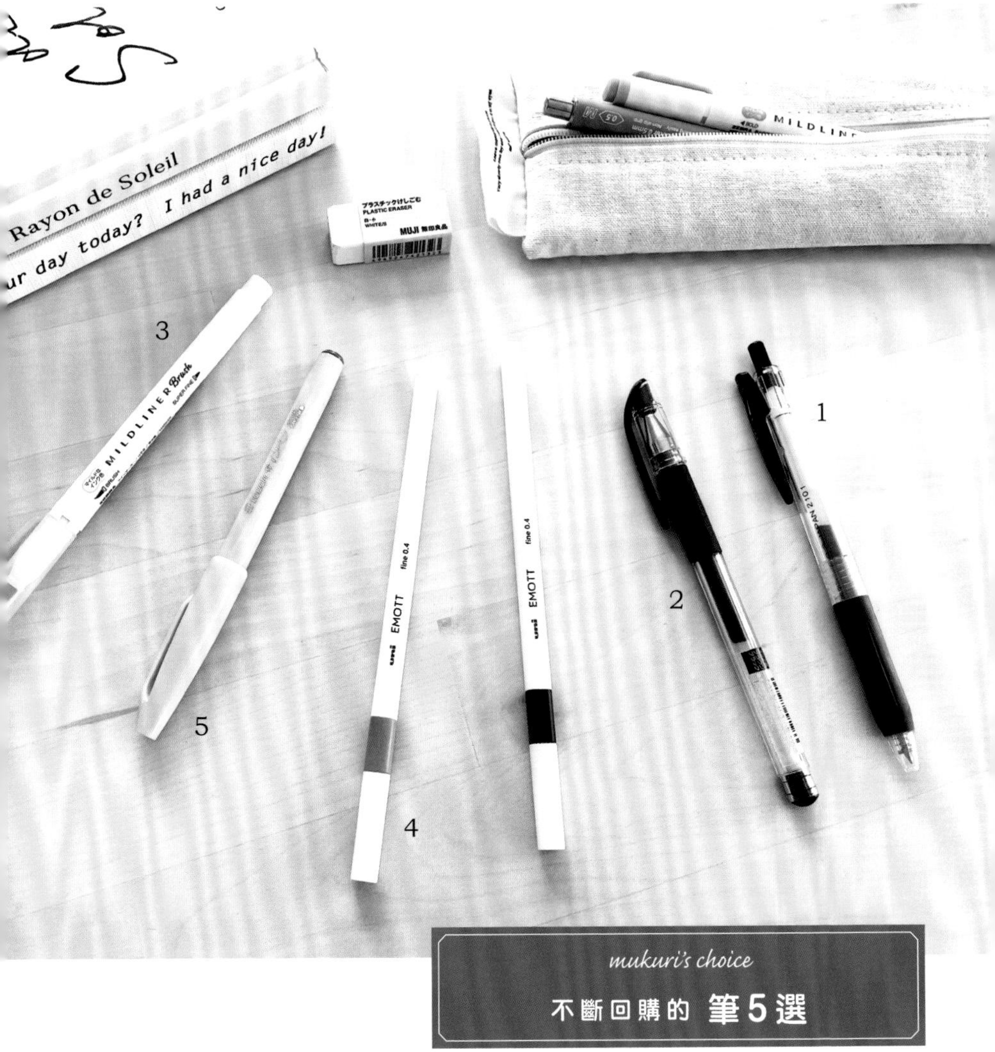

mukuri's choice

不斷回購的 筆5選

1
SARASA CLIP 0.3mm
ZEBRA

纖細的筆尖最適合用來書寫小字，即使塗上螢光筆也不容易暈開，不易透背更是一大特色。

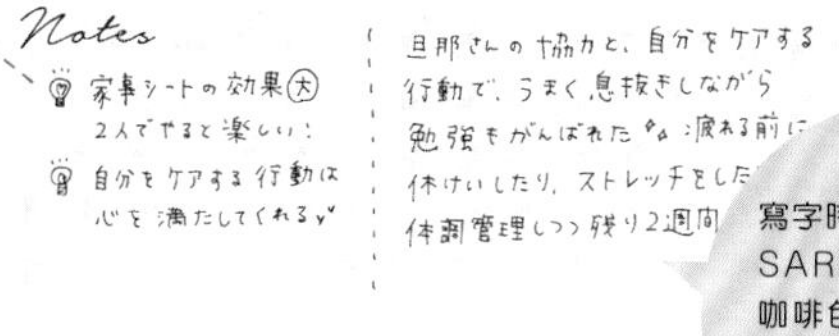

寫字時幾乎都是使用SARASA CLIP的咖啡色鋼珠筆，就算寫得密密麻麻，看起來還是相當柔和！

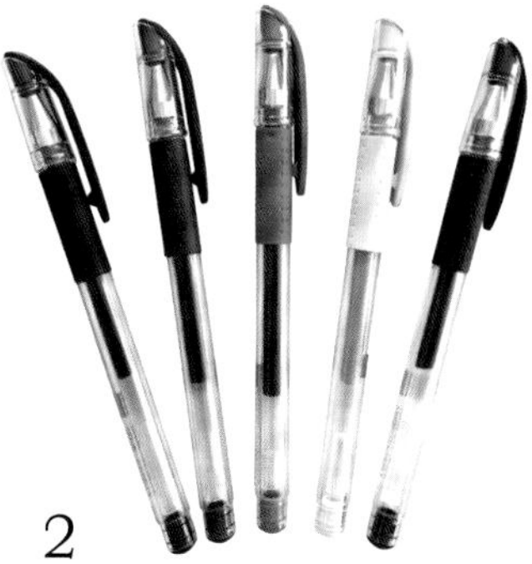

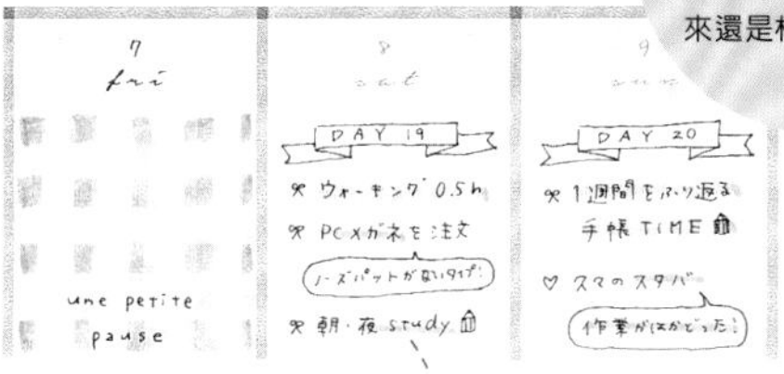

2
Uni-ball Signo 0.38mm
三菱鉛筆

顏色選擇非常豐富，具有多種基礎色彩，適合與別款中性筆或貼紙做搭配，筆觸十分滑順也是吸引人的一點！

3
MILDLINER BRUSH
ZEBRA

推薦用於畫線標記，如同毛筆一般的筆尖非常容易拿捏力氣，能夠隨心所欲地改變線條的粗細。

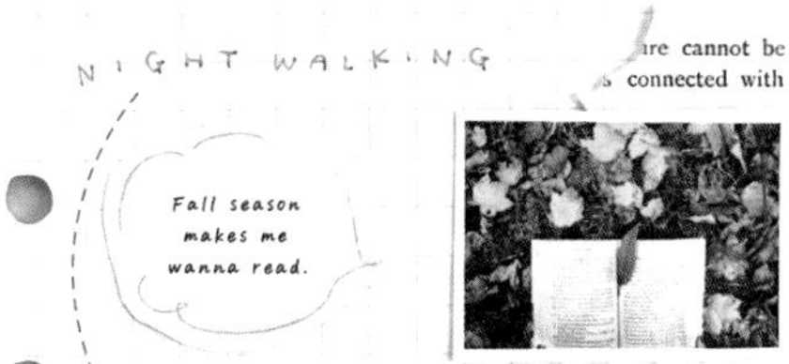

4
EMOTT簽字筆
三菱鉛筆

擁有簽字筆中少見的莫蘭迪色，而且不容易透背，色彩十分柔和迷人，推薦用於書寫標題或點綴。

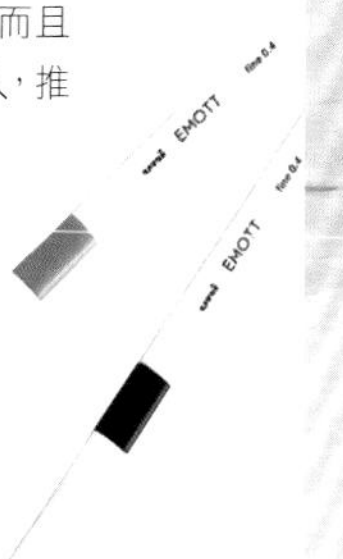

5
Touch Sign Pen簽字筆
Pentel

筆尖軟硬度恰到好處的類毛筆簽字筆，容易書寫出摩登現代體，推薦給想嘗試藝術字體的初學者使用。

Check

筆類的收納

要將服役中的筆與庫存分開！

經常用到的筆類可以直立地收納在罐子裡，放在客廳時與其他擺設融為一體不顯突兀，需要使用時也能快速取出，相當方便。

mukuri's choice
能當裝飾的 便利貼3選

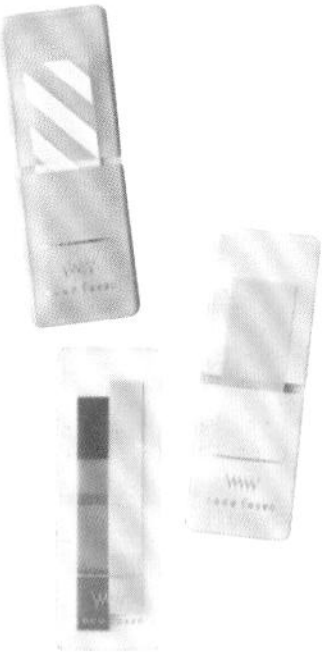

1
cocofusen BASIC
Kanmido
採獨立包裝的一款便利貼，可以整個黏貼在手帳或記事本上，方便隨身攜帶。

2
可以挑選喜歡紙質的便利貼
Cluster Japan
具有牛皮紙、半透明紙等多種款式的便利貼組合，因為顏色和紙質都很豐富，在製作學習筆記時就能派上用場。

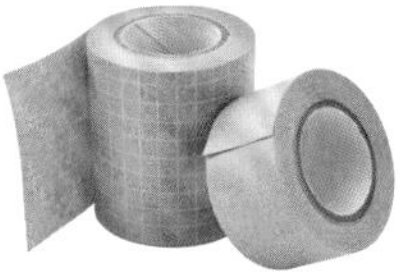

3
紙膠帶
CAINZ
印有獨特方格設計的一款牛皮紙紙膠帶，因為背面都有黏膠，非常適合用於手帳拼貼。

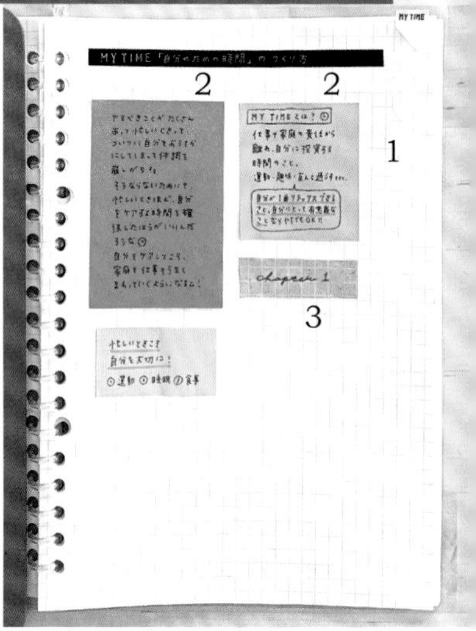

mukuri's choice
好用的小工具3選

1
可撕式修正帶
PLUS
貼上之後可以撕下來的一款修正帶，而且撕去時不會留下任何痕跡，修正拼貼裝飾時非常方便。

2
手指磁鐵書籤
HIGHTIDE
在經常需要使用的內頁加上磁鐵書籤，就能省去翻找的時間。可以用重要內頁加上磁鐵書籤、一般內頁使用便利貼等方式來做區分。

3
plain DECO +索引貼紙
S&C Corporation
白X黑X金的簡單三色索引貼紙，也可用於整理過去的內頁。

便利拼貼素材，
提升手帳可愛度！

手帳拼貼最不可或缺的靈魂要件，當然就是各種裝飾素材了。接下來會介紹簡單就能裝飾得很可愛的材料，大家可以試著動手DIY，製作出具有個人特色的手帳！

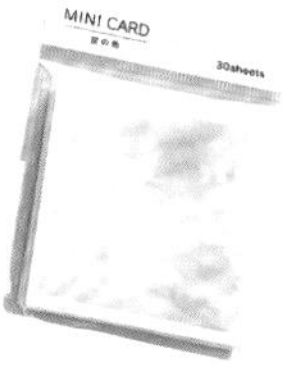

1

迷你方塊小卡
天空色調
協和紙工

除了可以當作留言卡之外，在拼貼手帳時，內頁裡貼上這樣一張小卡，絕對能成為焦點！

2

灰階色彩MEMO
協和紙工

擁有灰階色彩的可愛MEMO，與其他不同材質的紙類、貼紙搭配設計，能夠創造出柔和氛圍的迷人內頁。

mukuri's choice

貼上就變成外國風格的
便簽貼紙4選

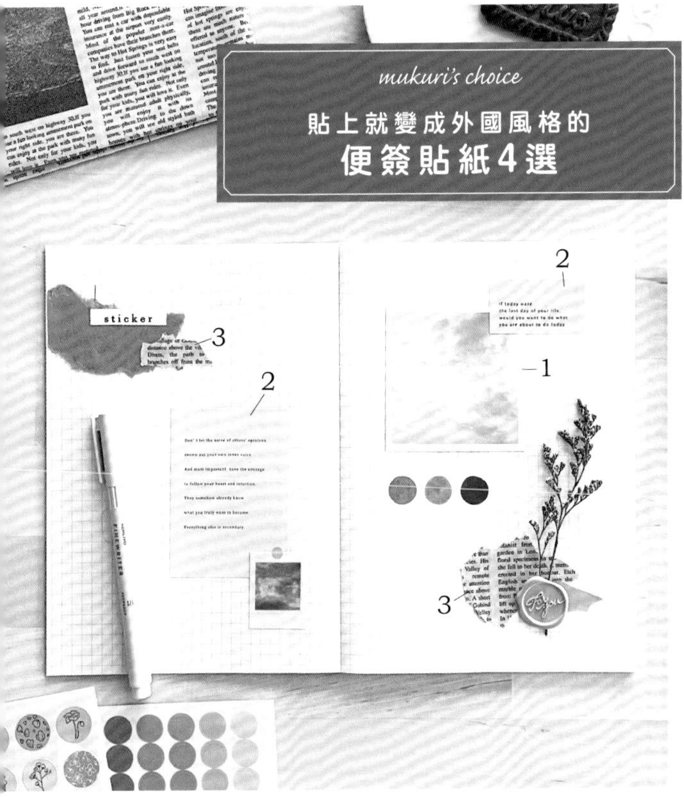

3

包裝紙 報紙
amifa

能夠營造出將外文書或英文報紙撕下來貼上的氛圍，讓內頁變得更加時尚有型，通常在百元店就能買到，可以不用擔心價錢盡情使用。

4

牛皮紙
協和紙工

貼上手撕的牛皮紙就是別有韻味的內頁裝飾，非常適合用於打造具有個人特色的內頁（請參考P85）。

mukuri's choice

貼上就很加分的 貼紙5選

現在國外正流行直接將真正的乾燥花或押花當成手帳裝飾！

1
封蠟貼紙
amifa

模仿火漆封蠟的多彩貼紙，一樣可在百元店買到，看起來就像是真正的封蠟一樣十分逼真，CP值非常高！

2
STAMP STICKER
MIND WAVE

貼上就有媲美蓋印章的仿真感，也是為內頁設計營造獨特氛圍的絕佳幫手，推薦給覺得使用印章太麻煩的人。

Check

利用百元店的活頁夾
將貼紙分門別類收納！

使用活頁夾將貼紙依照種類歸納、存放，就像是在翻閱型錄一樣，挑選起來一目了然，非常方便！也不會發生放到忘記使用的情況，能好好地活用每一款貼紙。

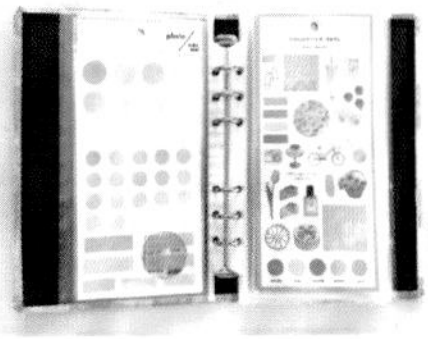

4
POCHE BOUQUET
Q-LiA

用於代替乾燥花或押花的花朵貼紙，相較於實物，優點是佔用的面積較小，使用起來更加方便。

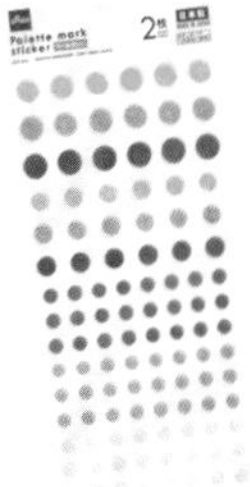

5
調色盤圓點貼紙
DAISO

半透明的圓點貼紙，即使貼在文字上也能夠看得非常清楚，因此最適合運用在「BINGO」（請參考P58）上！

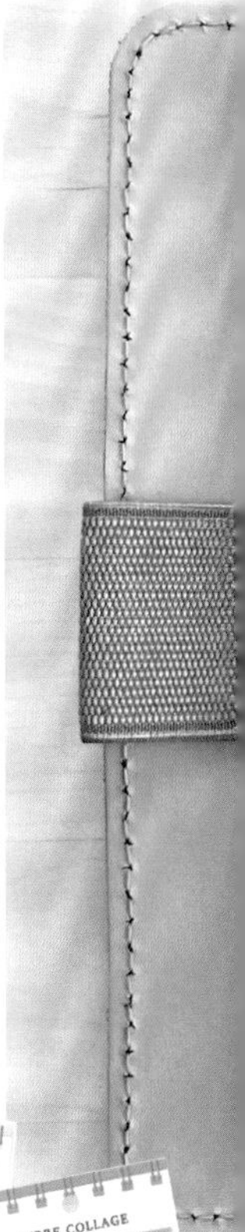

時髦的外國文具！

外國品牌的文具用品擁有日本找不到的款式，而且多數都是簡單卻十分時尚的設計，所以我經常上網尋找並購買，在此特別跟大家分享幾個我平常愛用的品項！

Postcard

正方形的明信片，只需要在內頁裡貼上1張就能營造出時尚氛圍！

sticker

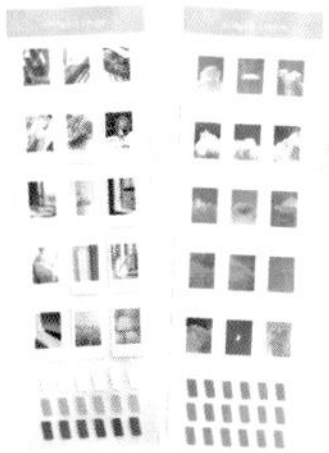

拍立得照片式的迷你貼紙，可以搭配下方的紙膠帶式貼紙一起使用。

Sticker & Paper

箱子（左）裡面放滿各種迷你貼紙以及大型紙張。

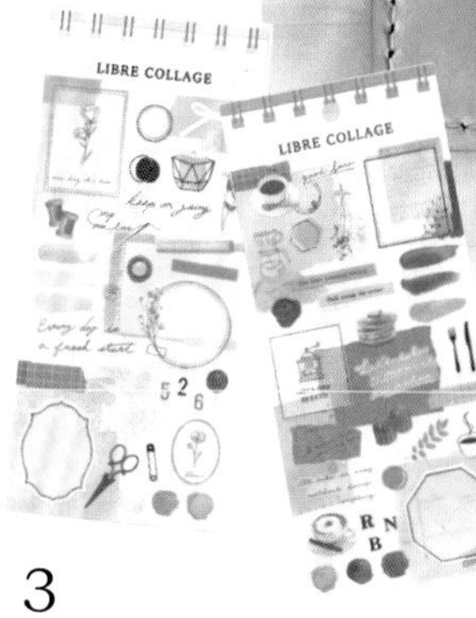

3
LIBRE COLLAGE
MIND WAVE

提供英文字、數字等便於裝飾使用的圖樣，每張都是同一色系，幫助使用者輕鬆營造出一體感。

mukuri's choice

時尚又很好用的 紙膠帶3選

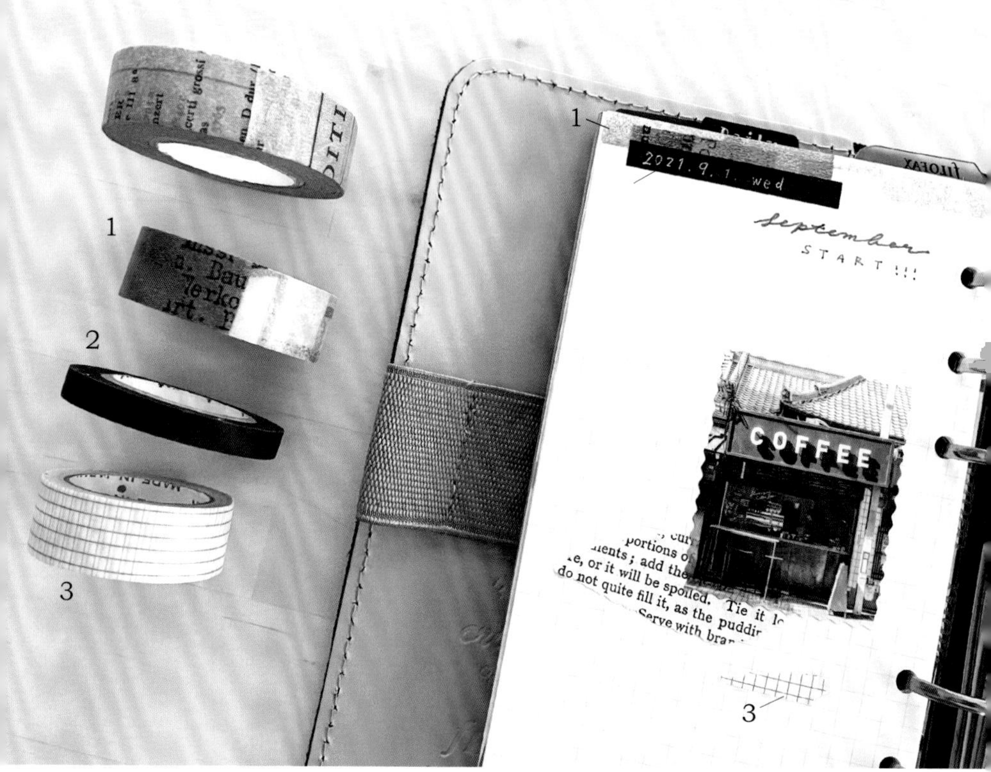

3

紙膠帶(方格)

DAISO

簡單的方格設計，與其他紙膠帶或拼貼紙張搭配起來都很容易，用途相當廣泛。

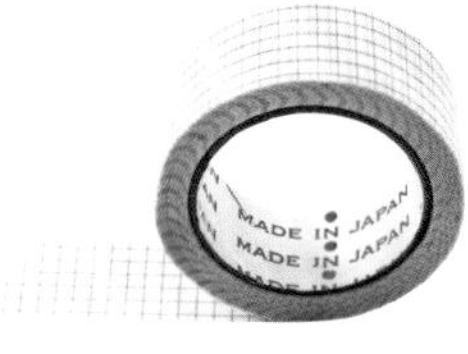

2

mt Matte Black

鴨井加工紙

窄版設計、3個一組的紙膠帶，因為黑色非常搶眼，利用白色筆在上方書寫文字，就很適合用來標註日期或當成標題。

1

舊書紙膠帶15mm

倉敷意匠

採用藝術家創作的拼貼畫做設計，最大樂趣就是依照裁剪位置的不同而有不一樣的花樣出現！

Check

依照四季變化
更換使用中的紙膠帶種類

經常使用的紙膠帶可以收納在盒子裡，其餘的紙膠帶則收藏在抽屜中，依照四季變化更換盒內的紙膠帶種類，讓自己的手帳也能有春夏秋冬的季節感。

mukuri's choice

手帳印章3選

3

自由編排透明印章
KODOMO NO KAO

分成可以自由撕下貼上的印章圖樣與印章底座兩個部分，將圖樣貼上底座就可以使用，能省下不少收納空間。

2

Versa Magic
水滴印台
TSUKINEKO

粉嫩的自然色系卻格外顯色，也是一款不容易透背的印台，特別是水滴狀的造型非常可愛。

1

橡皮印章
KUBOMINOKI

可以按照個人創意來搭配使用，重疊蓋印會變成花束，沿著內頁周邊蓋印就是獨家設計的邊框。

只要3招好簡單！
手帳拼貼秘訣

接下來會針對想挑戰手帳拼貼的新手，
介紹3招人人都能輕鬆做到的「手帳拼貼秘訣」。

Journal decoration

《簡單拼貼3 *Step*》

1. 選出最主要的貼紙
2. 找出搭配主角貼紙的裝飾素材
3. 決定好各種拼貼材料的排版後開始黏貼

Step 1

選出最主要的貼紙，填滿大片空白！

先想像一下內頁的設計方向，決定好1張做為主角來使用的大型貼紙或紙張。選擇比較大張的主角貼紙，空白的部分就能迅速填滿，也能更輕鬆地確立內頁想呈現的氛圍。

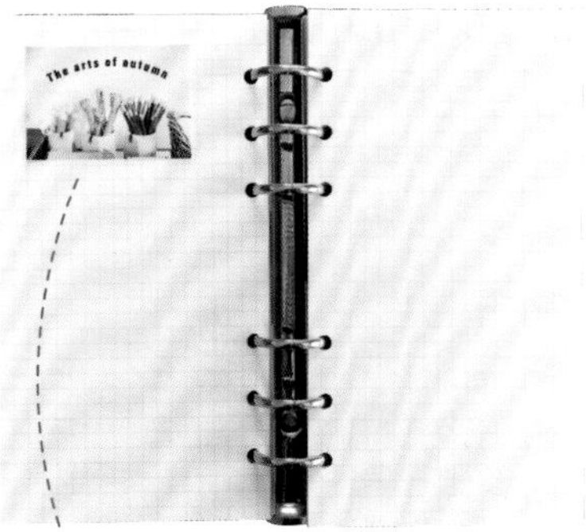

這邊使用的
就是mukuri的
獨家拼貼素材！

mukuri的獨家拼貼素材
掃描下載依照色系整理出來的獨家拼貼素材，可以列印成合適尺寸來嘗試使用。

Step 2

找出搭配主角的各種貼紙、紙膠帶等

尋找可以搭配在Step 1時決定好的主角的貼紙、紙膠帶、印章等素材，在收集時不妨鎖定「色彩的數量、種類、色調」，如此一來就能設計出迷人的內頁。

「色彩挑選」的秘訣請參考P82

Step 3

決定版面！

收集好想使用的拼貼材料後，可以先在內頁上排列組合，找出自己喜歡的版面配置。不同設計會呈現出不同氛圍，可以多嘗試幾種不一樣的搭配。

「排版設計」的秘訣請參考P84

完成！

這邊看動手DIY的影片
影片是我實際動手做手帳拼貼的方式，不妨跟著一起挑戰看看。

Color selection

統一色系的搭配秘訣

想讓手帳拼貼呈現一體感，這時色彩的選擇就非常重要。
接下來就為大家介紹，平常我在做拼貼裝飾時特別注意的「3個秘訣」，
讓大家做為參考。

秘訣1

鎖定2～3種色彩

將使用的色彩數量鎖定在2～3種，
就能夠在最簡單的情況下完成具有一體感的內頁設計。
不過黑色、金色或是牛皮紙等等，這些百搭的色系就不受限制。

2種色彩的範例

以綠色與黃色為基礎的內頁，賦予了自然無比的花園氣息。

粉紅色搭配奶茶色，營造溫馨氛圍，而金色的點綴更顯出萬分雅致！

3種色彩的範例

融合了紅色、粉紅色與橘色的暖色系內頁設計，利用紅色突顯內頁主題。

把含羞草安排在主角位置，並使用綠色、黃色、水藍色做搭配。

秘訣2　以顏色種類來統一

也很推薦在決定好主要色系後，收集顏色深淺不同的元素來搭配，
比方決定主色系是藍色後，就可以開始收集藍色、天藍色、深藍色等色彩。

粉紅色系

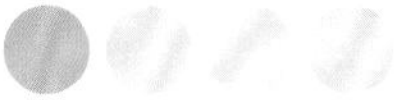

4月時可以搭配櫻花使用粉紅色系，透過色彩展現出季節感。

綠色系

滿滿綠色的頁面，營造出一種清爽又冷靜的印象。

秘訣3　以顏色色調來統一

所謂的色調就是將具有「Pale Tone（粉色調）」、
「Vivid Tone（鮮豔色調）」等相同形象的色彩收集起來使用。
如此一來，即使使用複數顏色也一樣能夠呈現出統一感。

淺灰色調
Light Grayish Tone

另外還有「淺色調Light Tone」、「暗色調Dark Tone」等等共12種不同色調，不妨選擇自己喜歡的色調來收集相關色彩。

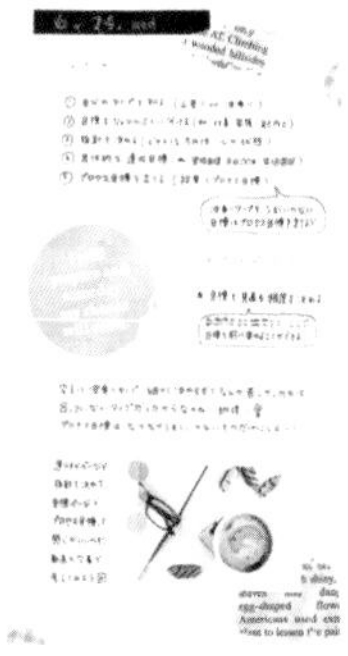

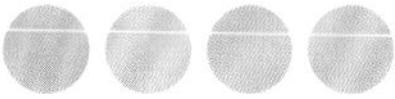

全部使用淺灰色調的莫蘭迪色彩，營造優雅氛圍。

＼ 亦適用於室內設計 ／

吸睛的色彩技巧

利用 黑 or 紅 點綴

選擇少量的黑色或是紅色做為重點色彩，就能統整整體氛圍，成為非常吸睛的一面。這個技巧不僅能應用於手帳拼貼上，同樣也能發揮在社群媒體的PO文或是室內裝潢等處。

Layout collection

排版設計指南

這是在排版不順利，或者是不知道應該怎樣安排配置時，
提供大家靈感的「設計指南」，請從中挑選出接近自己想法的設計方式。

不規則╳重疊

將小貼紙不規則地黏貼於內頁，再將文字圖片重疊覆蓋，就能帶出整個頁面的動感。

對角線設計

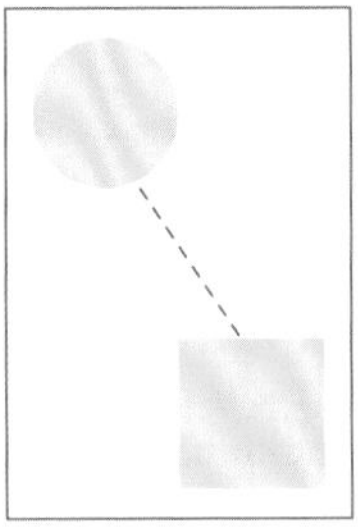

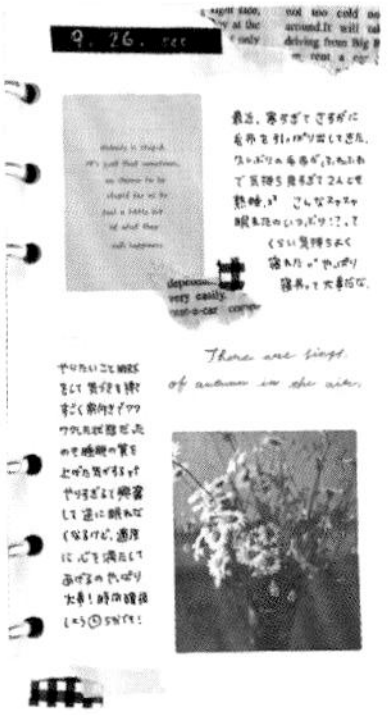

希望大家最先嘗試看看的就是對角線設計，版面會顯得既清晰又均衡。

對開三角設計

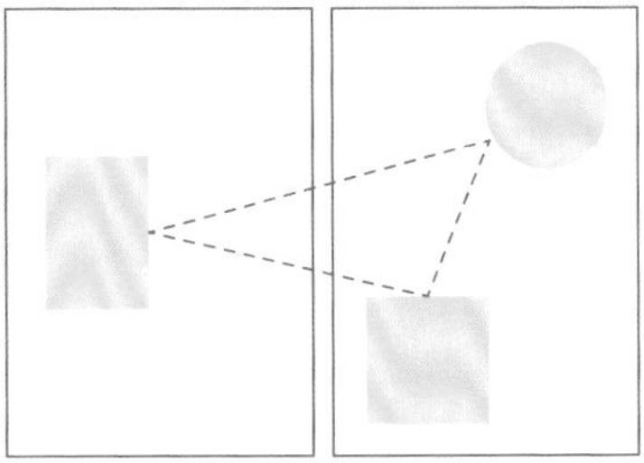

使用對開內頁來做設計，安排在三角形的三個點都貼上貼紙，整體視覺效果會顯得格外穩重。

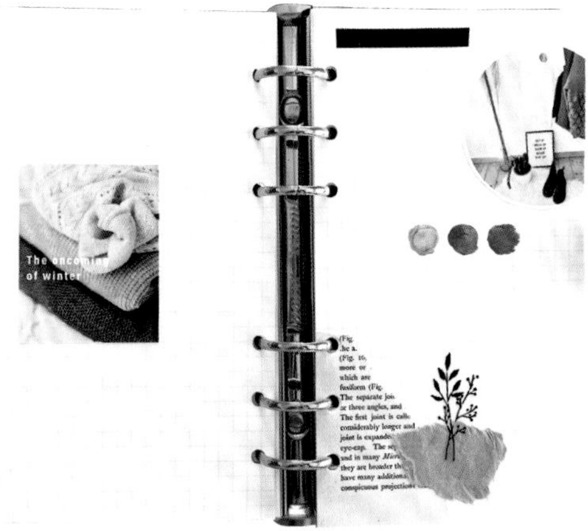

上下裝飾

在頁面的上下兩端貼上紙膠帶或其他紙類。適合在沒有多餘裝飾空間，又想添加變化時使用。

在1/3處貼上不同素材

以頁面的1/3處為劃分，黏貼上牛皮紙等具有特色的紙張來做突顯。

還有這種方法！

好用的拼貼創意

拼貼創意其實還有非常多種！這邊為大家介紹我經常使用的幾招。

手工DIY 牛皮紙變內頁

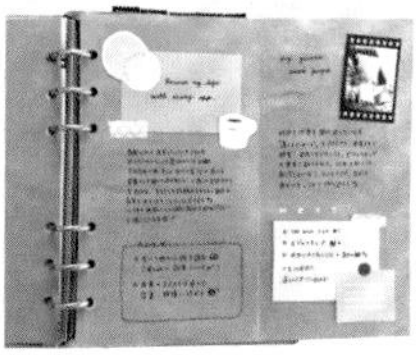

將牛皮紙（請參考P75）裁切後使用打洞機打洞，手工自製內頁並做成可以翻開的形式。

明信片當作內頁

沒有多餘時間的話，可以將明信片打洞直接當成內頁使用，快速營造華麗風格。

裝飾成拍立得風格

在裁切成長方形的紙上貼上照片，做出拍立得照片的風格。比起只是單純地貼上照片，輕鬆就能變身成吸睛設計！

省時又好用的
數位拼貼

所謂的「數位拼貼」，就是利用平板電腦或智慧型手機上的App，
來裝飾數位手帳的方法。使用方式雖然與紙本手帳（請參考P80）相差無幾，
但數位拼貼獨有的優勢非常多，因此接下來，
就讓我為大家介紹平常使用數位拼貼的步驟。

準備

首先下載數位手帳的App

在平板電腦或智慧型手機中下載數位手帳的App，雖然有許多不同種類的App可以選擇，不過下面會以個人愛用的「GoodNotes」這款App為例介紹。

↓

下載手帳模板

下載App後就能點開讀取數位手帳的PDF資料，如此一來數位手帳的準備工作就完成了！

推薦使用的App「GoodNotes」

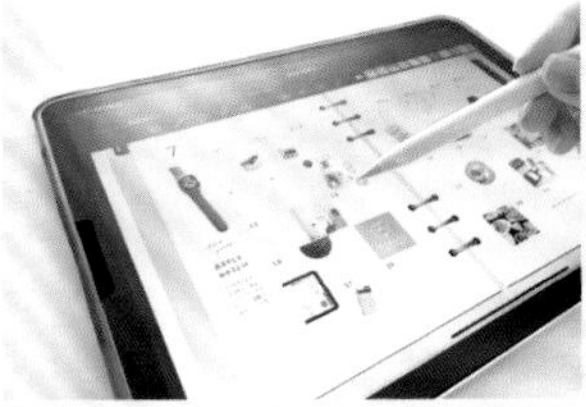

對於想嘗試數位手帳的人，最值得推薦的就是名為「GoodNotes」的付費App。我都是使用平板的觸控筆來進行書寫，不僅操作非常順暢，還能具備手寫的質感，是一款相當好用的App。

① **選擇手帳頁面的PDF檔案，接著點選「打開GoodNotes」。**

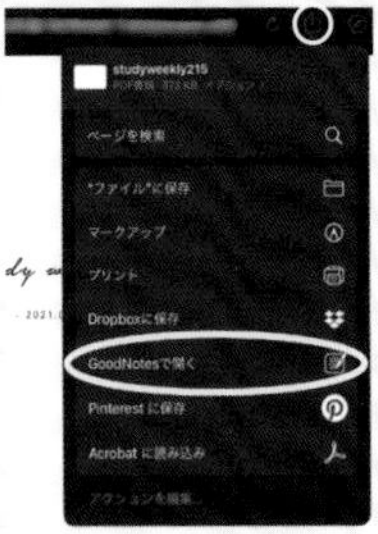

② **在接下來的畫面中選擇「下載新文件」。**

③ **點開並完成下載！**

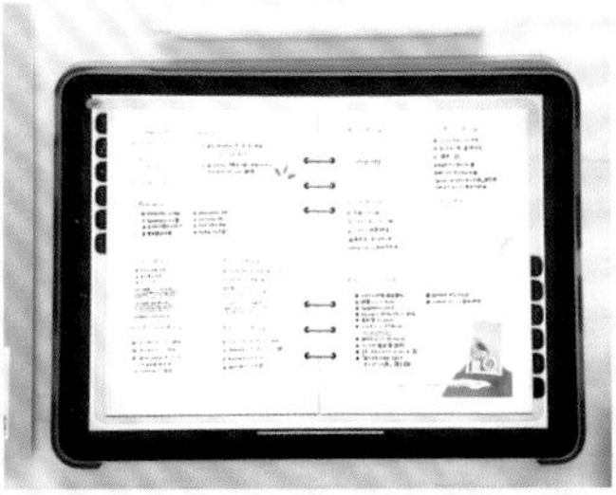

實踐

開始嘗試使用數位拼貼

下載好數位手帳後，就可以使用觸控筆，隨心所欲地展開拼貼設計了。首先設定好要使用的筆色，接著將圖片或數位貼紙貼上，就能完成頁面裝飾。

1 **筆能選擇喜歡的顏色**

因為具備變換顏色的功能，可以輕鬆選擇自己喜愛的色彩來書寫。

2 **數位貼紙可以重複使用**

數位貼紙只要付費下載就能不限次數重複使用，也不用擔心貼久後會褪色脫落的問題。

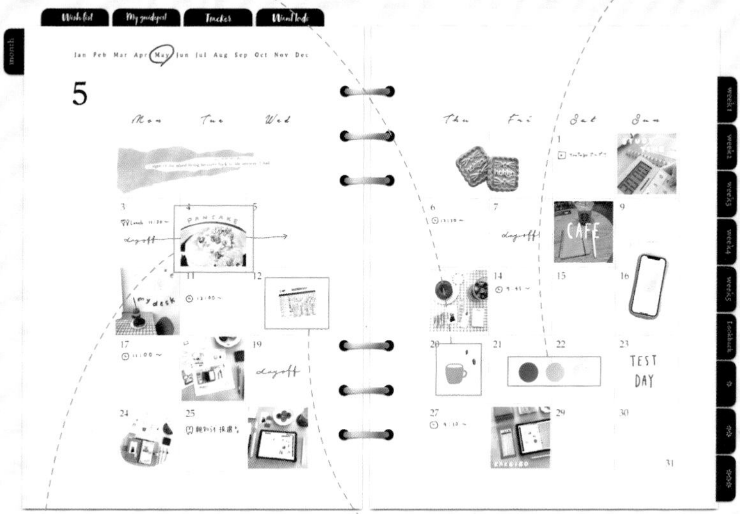

3 **照片能當成貼紙來使用**

數位照片可以像貼紙一樣，直接拖放到頁面上。

4 **貼紙和圖片大小都能直接調整**

無論是貼紙或圖片都能立刻依照需求調整尺寸，也不必煩惱裁切黏貼可能產生的碎屑。

《數位拼貼的優點》

1 **貼紙和色筆等素材能重複使用**

2 **不需要清理碎屑**

3 **不用收納整理拼貼素材**

4 **失敗了也能馬上修正**

5 **只要帶著手機或平板，隨處都能做手帳拼貼**

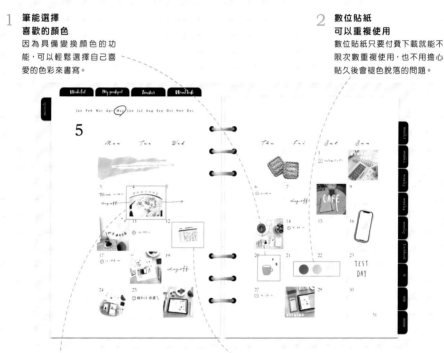

Chapter 4

用家計簿或筆記
來提高生活品質吧

如同使用手帳以後能夠改變心情及生活模式，
要是能夠「運籌帷幄」地有效運用家計簿，
存錢也會變得更為容易。
而手帳寫不下的東西，也很推薦整理成筆記。
無論是家計簿還是筆記，只要能夠善加運用，
一定都能幫助生活品質比現在更upup！

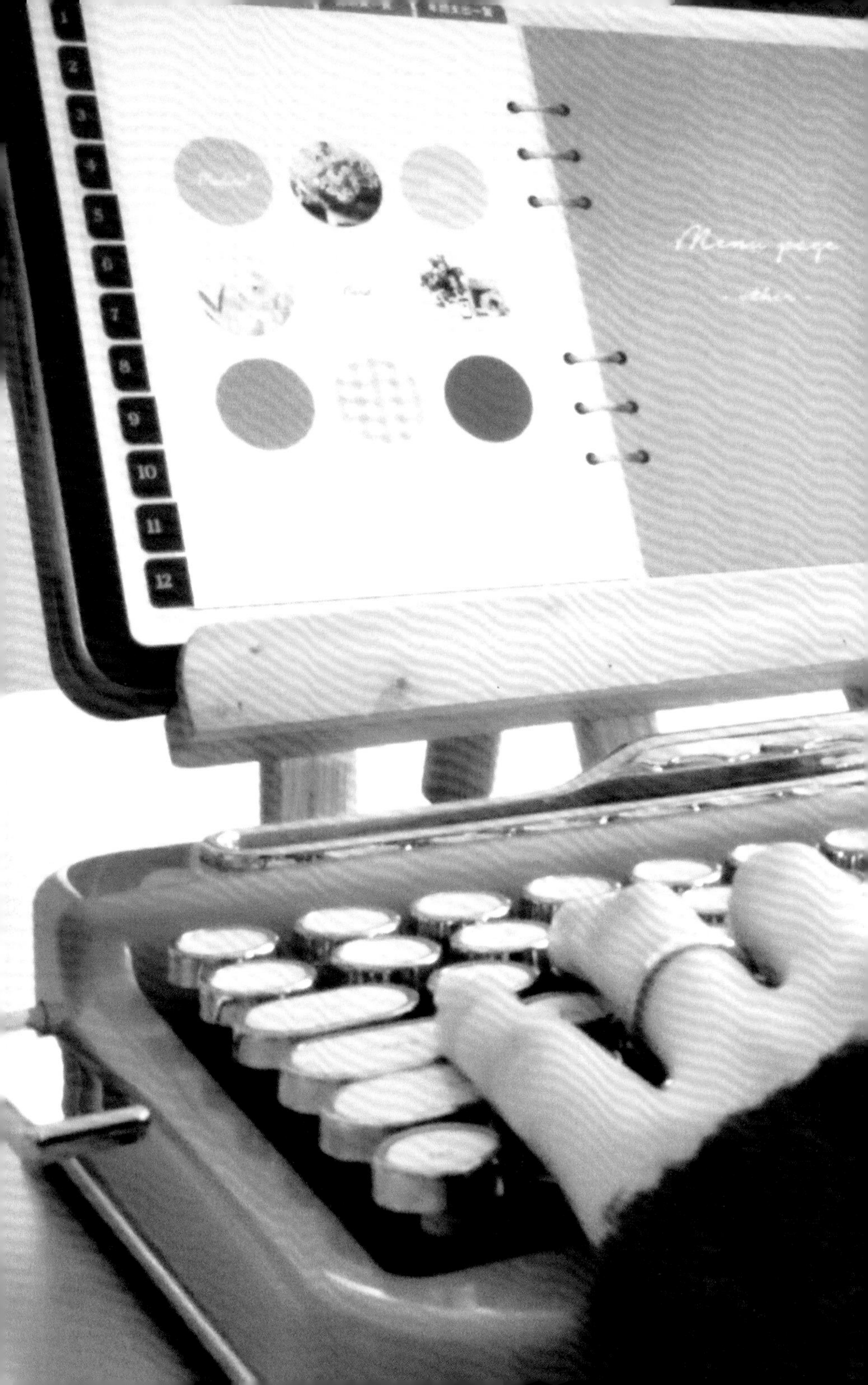
1
2
3
4
5
6
7
8
9
10
11
12

能在緊急時刻派上用場

防災筆記

把發生地震或火災這些天災人禍時，
必要的防災資訊都整理成一冊的筆記本。
製作防災筆記也會成為與家族成員討論如何防災的絕佳契機。

使用長、寬各約15cm的口袋型文件夾！

製作「防災筆記」的契機是有一次先生不在家，我獨自遇上地震警報大作而害怕得不得了。再加上我住在東北地帶，屬於地震頻繁的區域，為了以防萬一，除了準備各種防災物資之外，我也會將「防災筆記」輸入智慧型手機的備忘錄中。有了這一份筆記，不僅讓日常生活的安心感倍增，真的發生地震等天災時，也能夠更冷靜地採取行動。

比起一般大小的筆記本，使用口袋型文件夾的話，可以將家人的照片還有常備藥物都放進文件夾裡而更加方便。而且這樣適中的尺寸也很便於隨身攜帶。

決定好每年2次的檢查月份（我是訂在3月與9月），就能有效地預防緊急糧食或儲備物品過期而無法使用的狀況。請務必一邊與家人模擬災害來臨時的應變對策，一邊整理防災筆記。

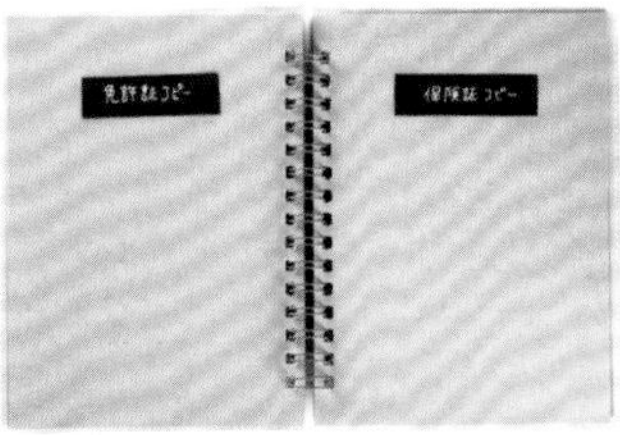

將駕照、健保卡的影本放入文件夾裡，無論是要更換新的證明或是替換新內頁時都很方便！

「防災筆記」一共設置成13個項目。一旦發生意外時，有可能會需要給其他人看，所以也會製作一份「目錄」，接下來會介紹其中最值得推薦使用的4個頁面。

需要填寫的資訊清單

- 家人基本資訊
- 家人・朋友的聯絡資訊
- 常去醫院的聯絡資訊
- 1991報平安語音留言專線
- 避難場所・避難所MAP
- 緊急避難包的內容物
- 有效日期的檢查清單
- 家族照片
- 駕照影本
- 健保卡影本
- 風險地圖
- 常備藥品
- 使用說明書

もくじ

内容	ページ
家族情報	1・2
家族・知人の連絡先	3・4
かかりつけ病院の連絡先	5
災害伝言ダイヤル	6
避難場所	7
避難所 MAP	8・10
防災バッグの中身	11・12
期限チェックリスト	13・14
家族写真	
免許証コピー	
保険証コピー	
ハザードマップ	
常備薬	
取扱説明書	

實際列出來的「目錄」長這樣！

家人基本資訊

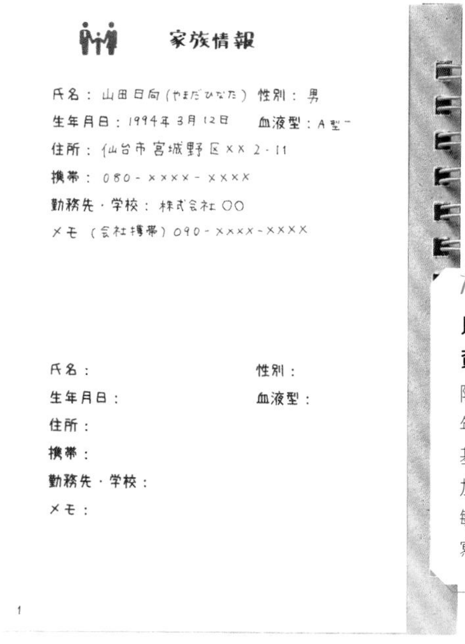
家族情報

氏名：山田日向（やまだひなた）　性別：男
生年月日：1994年3月12日　血液型：A型－
住所：仙台市宮城野区XX 2-11
携帯：080-XXXX-XXXX
勤務先・学校：株式会社〇〇
メモ（会社携帯）090-XXXX-XXXX

氏名：　性別：
生年月日：　血液型：
住所：
携帯：
勤務先・学校：
メモ：

1

這是為了預防萬一，將能夠辨別自己與家人的姓名、性別等相關資訊書寫下來的頁面。可以連血型也註記清楚，在需要輸血治療時就能派上用場。

Point

以備不時之需，資訊越詳細越好

除了寫上姓名、地址、性別、出生年月日、電話號碼以及公司名稱等基本資訊之外，最好也能將血型加註「＋－」，如果有慢性疾病、過敏或服用中的藥物等，也記得填寫在備註欄內。

避難場所・避難所MAP

等到緊急狀況發生時再來查詢避難場所只會手忙腳亂，所以事先確認清楚避難場所的地點以及前往路線就非常重要。

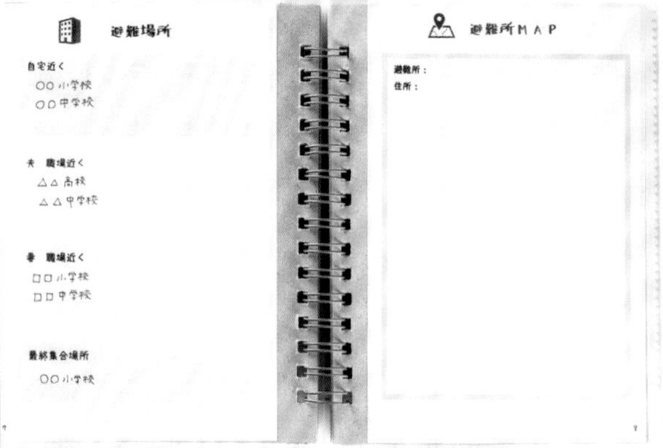

Point

實際演練
前往避難場所的路線

預先列出多個在自家、職場附近的避難場所，可以在確認過風險地圖後，制訂出一條最安全的避難路線。由於有可能與家人分散各地避難，因此確立出集合地點的話就能更加安心。

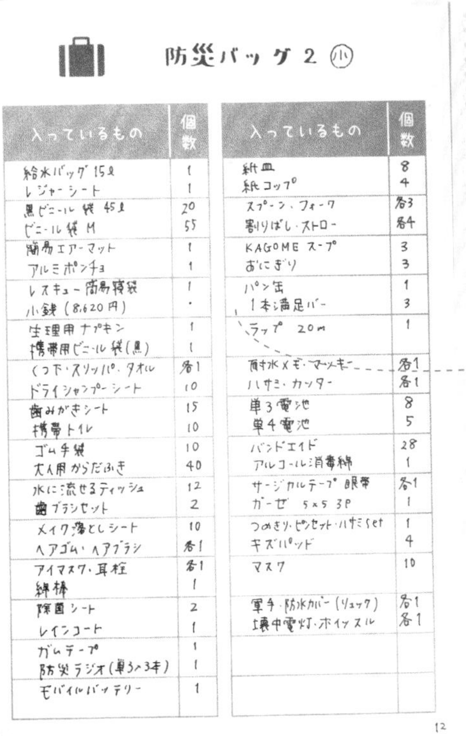

防災バッグ 2 ㊤
入っているもの
個数
給水バッグ 15ℓ 1
レジャーシート 1
黒ビニール袋 45ℓ 20
ビニール袋 M 55
簡易エアーマット 1
アルミポンチョ 1
レスキュー簡易寝袋 1
小銭（8,620円）
生理用ナプキン 1
携帯用ビニール袋（黒） 1
くつ下・スリッパ・タオル 各1
ドライシャンプーシート 10
歯みがきシート 15
携帯トイレ 10
ゴム手袋 10
大人用からだふき 40
水に流せるティッシュ 12
歯ブラシセット 2
メイク落としシート 10
ヘアゴム・ヘアブラシ 各1
アイマスク・耳栓 各1
綿棒 1
除菌シート 2
レインコート 1
ガムテープ 1
防災ラジオ（単3×3本） 1
モバイルバッテリー 1
紙皿 8
紙コップ 4
スプーン・フォーク 各3
割りばし・ストロー 各4
KAGOME スープ 3
おにぎり 3
パン缶 1
1本満足バー 3
ラップ 20m 1
耐水メモ・マッキー 各1
ハサミ・カッター 各1
単3電池 8
単4電池 5
バンドエイド 28
アルコール消毒綿 1
サージカルテープ 眼帯 各1
ガーゼ 5×5 3P 1
つめきり・ピンセット・ハサミset 1
キズパッド 4
マスク 10
軍手・防水カバー（リュック） 各1
懐中電灯・ホイッスル 各1
12

Point

物品依照重要程度
標上顏色管理

將緊急避難包的內容物全部寫出來，數量也要一一紀錄清楚，如果能夠依照重要程度來標註顏色的話，就會更加一目了然。例如最重要並放置於顯眼好拿取地點的物品畫上藍色，次等重要的物品則是綠色等等。

有效日期的檢查清單

期限チェックリスト
- 防災バッグ(小) -

品名	消費期限
KAGOME 野菜スープ ×3	2025.10.31
おにぎり ×3	2025.12
1本満足バー ×3	
携帯トイレ　9回分	2031
単4電池	2026.1
単3電池	2027.12
〃　(パナソニック)	2024.12
アルコール消毒綿	2023.6
バンドエイド	2023.5

期限チェックリスト
- 防災バッグ(大) -

品名	消費期限
保存水　500ml	2024.11
カンパン	2024.7
パン缶	2024.4
アルファ米(わかめご飯)	2025.1
単4電池	2027.11
単3電池	2024.1
〃　(TOSHIBA)	2024.7
防災用ヘルメット	2025まで

在各種緊急避難物品當中，自然也會包含具有有效日期的物品，為了防止在發生萬一時「無法使用」的狀況，不妨將有效日期紀錄清楚。

Point

別忘了檢查
小物件的有效期限

除了防災食物與飲用水一定會有有效期限以外，其實包括乾電池、OK繃等也一樣有使用效期，因此記得定期檢查每樣物品。

緊急避難包的內容物

所謂的緊急避難包就是預先放入各種避難時會用到的必需品，如果能製作一份一目了然的內容物清單，當必須前往避難所時就不會驚慌失措。

存在智慧型手機裡隨身攜帶！

正因為不知道災難何時來臨，建議最好將防災筆記的內頁都拍下來，文件類也掃描後保存在智慧型手機裡，以便隨身攜帶。

防災バッグ 1(大)

入っているもの	個数	入っているもの	個数
給水バッグ	1	耐水メモ帳・マッキー	各1
簡易エアーマット	1	生理用ナプキン	8
ポリエチレン手袋	100	ガムテープ	1
レインコート	1	マルチツール	1
アルミポンチョ	1	単3電池	11
ドライシャンプーシート	10	単4電池	5
歯みがきシート	15	モバイルバッテリー(ソーラー)	1
歯ブラシ	2	コード	1
コップ	1		
		ガーゼ	2
保存水　500ml	4	ばんそうこう	28
カンパン・パン缶	各1	三角巾	1
アルファ米(わかめご飯)	2	包帯	1
おにぎり・スープ	各2	マキロン	1
1本満足バー	3	アルコール消毒綿	10
小銭		サージカルテープ	1
携帯トイレ	10	安全ピン	2
簡易寝袋	1	ハサミ	1
除菌ウェットティッシュ	2		
ビニール袋 M	55	マスク	10
黒ビニール袋 45ℓ	20	アイマスク・耳栓	各1
タオル・スリッパ・くつ下	各1	つめきり・ピンセット・はさみset	1
軍手・ロープ	各1		
ランタン(単3×3本)	1		

讓日常家務事變輕鬆

家事筆記

「家事筆記」是將打掃收拾等家務事以及人際往來等等與日常生活相關的所有事務，有條理地整理成一份專屬自家的「使用說明書」。
只要善加利用，就能幫助生活變得更加充實有趣。

這本筆記中包括紀錄居家掃除方法、物品收納地點，以及人際往來必須資訊等的專屬頁面。舉例來說，如果養成定期翻閱「收納MAP」的習慣，自己在哪裡擺放了什麼物品就能夠一目了然，也有助於室內環境的清潔整理。自從我開始使用這本家事筆記之後，做家事的流程變得十分順暢，而且無論是心情還是時間也都因此變得寬裕。

過去曾經有一段時間因為身體狀況而不得不住院，但是即使我不在家，先生還是可以參閱「家事筆記」，知道家中物品收納地點而不會造成生活上的困擾。因此非常推薦為了以防萬一，製作這樣一個能讓家人共享家庭資訊的管道。如果加上繪圖，或是用條列方式列出，清楚簡單的方式就能讓每個人都能看懂。

家事筆記的內容

- **收納MAP**
- **打掃作業程序**
- **大掃除清單**
- **家務工作表**
- **日用品庫存清單**
- **通訊錄**
- **伴手禮・店家名單**
- **紀念日清單**
- **帳號・密碼專區**
- **送禮memo**

收納MAP

使用地圖「可視化」的方式，將家中在哪裡收納了什麼東西全部標註清楚。透過書寫下來，也能更輕鬆決定出物品最合適的收納地點。

Point

利用房屋平面圖
清楚管理物品收納地點

不僅把在哪裡有什麼物品列成清單，如果標註在平面圖上，就能讓物品收納場所可視化而更方便管理。

打掃作業程序

以廚房為例，可以整理出「快煮壺」、「微波爐」等不同家電的清潔方式。即使碰上睽違已久的大掃除，只要翻閱這個部分就能夠快速喚起記憶，想起打掃方法並掌握清潔重點。

Point 1

依地點寫下各區域清潔方式
打掃時就會很輕鬆

將家裡劃分出「廚房」、「浴室」等不同區域，再根據各區整理出打掃重點，如果還能編排「目錄」，打掃時的順手程度更會大幅提升。

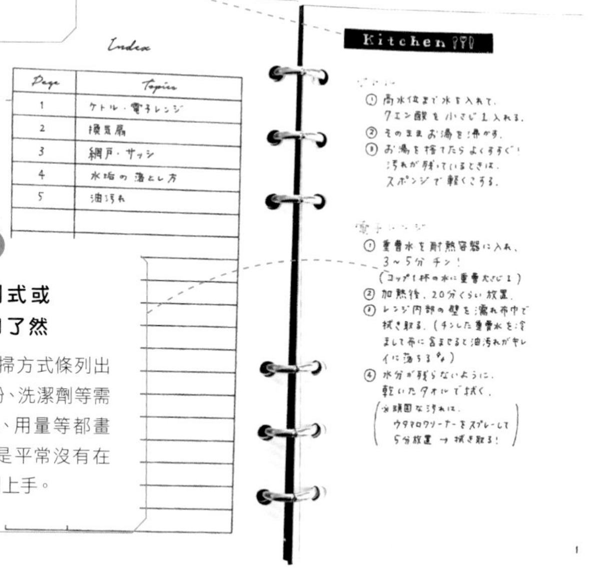

Point 2

打掃方法以條列式或
畫線標註更一目了然

將每一個地點的打掃方式條列出來，並且將小蘇打粉、洗潔劑等需要用到的掃除工具、用量等都畫線標註，這樣即使是平常沒有在打掃的人，也能立刻上手。

大掃除清單

將整個家分成不同區域，列出需要大掃除的地點或項目，打掃收拾完畢的部分再一一打勾確認。

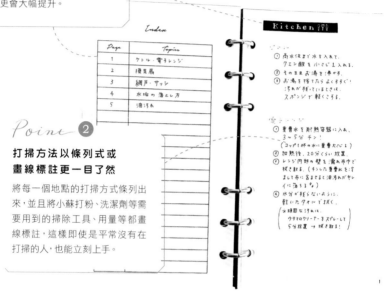

家務工作表

在橫軸寫下日期，縱軸寫下各種日常家務項目，並在完成的日子貼上貼紙。這樣一來就能讓自己為了做家事付出的努力「可視化」，每一次翻看都會成為激勵自己的動力。

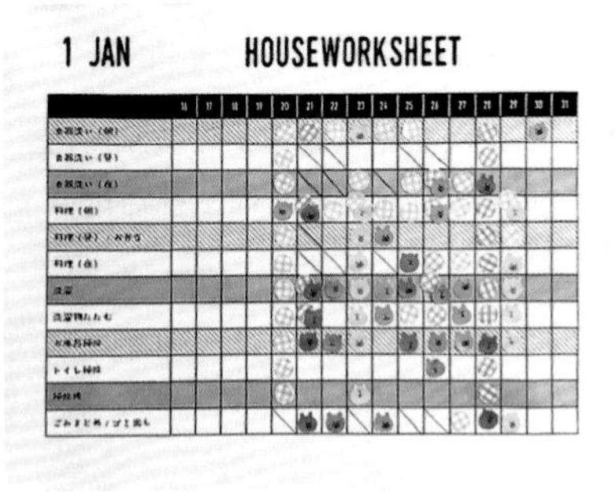

Point

貼上不同類型的貼紙
避免和另一半
或是家人分工不均

舉例來說，用動物貼紙代表先生、圓點貼紙是我自己等方式來做區別，不僅能清楚知道彼此做了哪些家事，自然也會更願意主動分擔家務。

通訊錄

紀錄重要的人的住址、電話號碼，在想為對方慶祝生日、歲末送禮或是寫信時都能派上用場。

日用品庫存清單

方便清點日用品的庫存，每個月檢查一次並寫下數量，勾選出需要購買補充的物品，補足後再寫上日期。

平常都是直接攤開「家事筆記」紀錄，不過檢查日常用品時會需要穿梭在洗手臺、走廊等家中各個地點，因此不妨把筆記夾在板夾上使用。

紀念日清單

依照月份將自己或親友的相關紀念日列出來，就能夠提早準備慶祝活動或禮物。

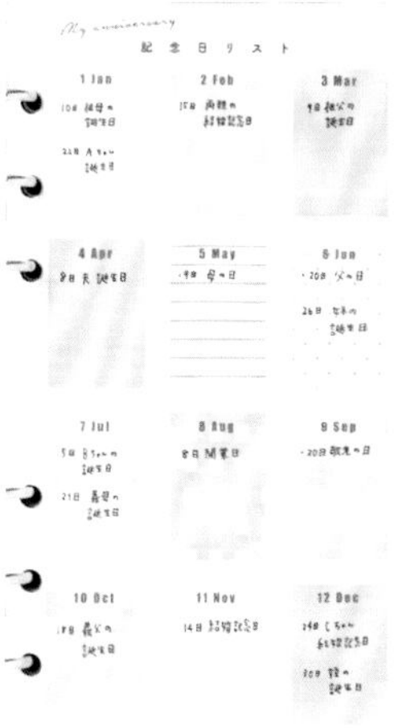

伴手禮・店家名單

將喜歡的甜點店、生活雜貨鋪等寫下來的一份口袋名單，遇到需要購買伴手禮的時候，只要參考這份名單就能馬上做出決定。

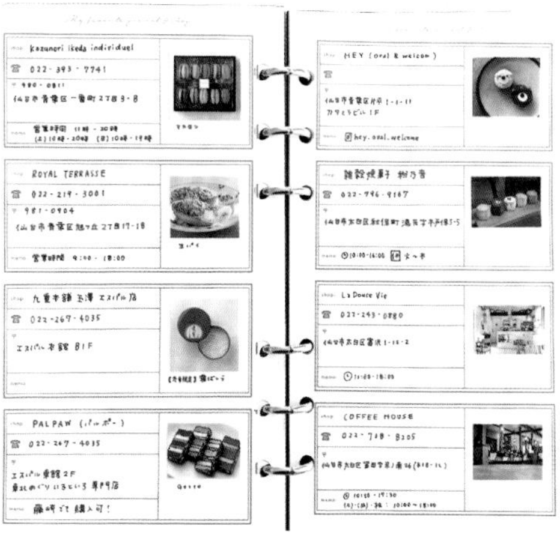

帳號・密碼專區

紀錄各種必須的帳號與密碼，將這些資訊寫入放在家中的手帳中，不僅不必擔心遺失，不小心忘記時也能馬上獲得解答。

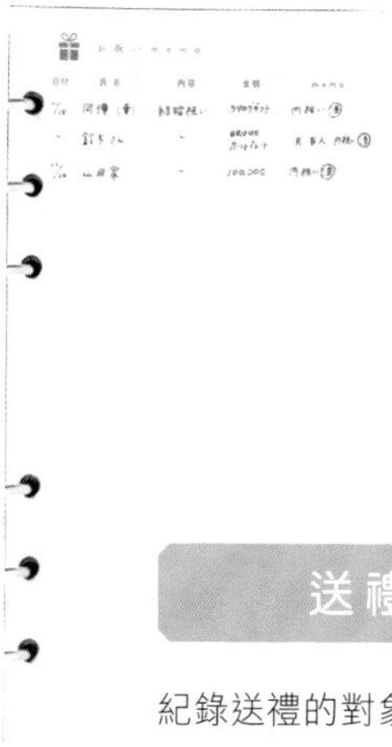

送禮memo

紀錄送禮的對象和曾經送過的禮物內容，之後要再贈送禮物時，就不必擔心會送到一樣的物品。

食譜筆記

想要創造健康體魄就要靠日常的飲食，我就是在住院時，領悟到不能再繼續過去這樣不健康的飲食習慣，才決定設計出這份「食譜筆記」。內容紀錄下跟著食譜或網路介紹而料理成功的美味餐點，或是獲得先生好評的食譜。有了這本食譜筆記的幫忙，我的餐桌料理不僅變得更豐富多樣，自己也變得比以前更加喜歡做菜，身體更因此變得健康。

在「肉」、「魚」等分類前加上「標號」，就可以不斷添加喜愛的食譜內容。

Point 1

依照分類加上索引標籤
使用起來更得心應手

將食譜分類加上索引標籤，就可以依照當天的心情或身體狀況，輕鬆地挑選出適合的菜單。

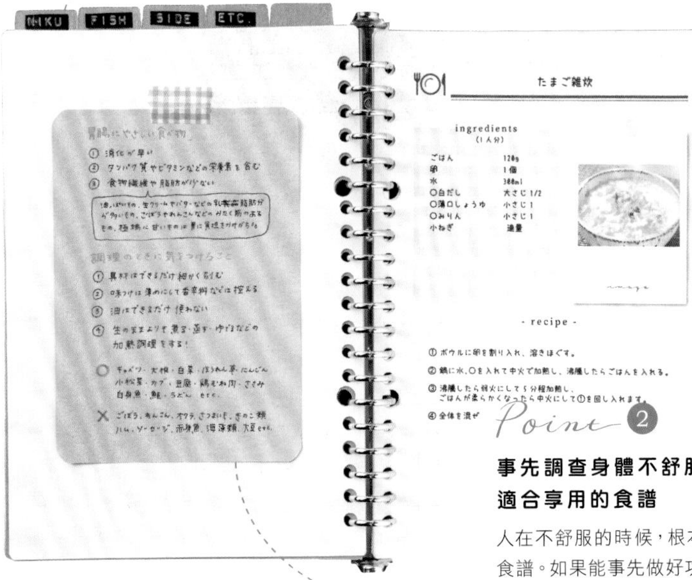

Point 2

事先調查身體不舒服時
適合享用的食譜

人在不舒服的時候，根本懶得去想或研究食譜。如果能事先做好功課，標上「顧腸胃的食譜」等註記，就能當作身體不適時決定菜單的參考依據。

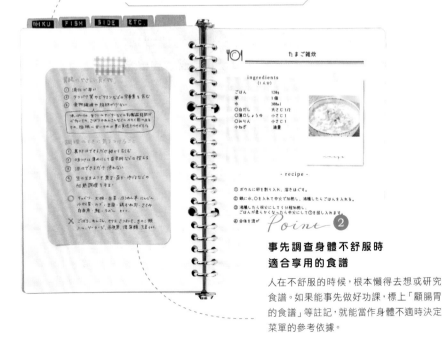

療癒心靈的處方箋

心靈小語筆記

這是一本將日常生活中發現能「撼動內心的金句」寫下來的筆記，因為暖心的文字能夠浸潤疲憊的心靈，所以當心情低落或有煩惱、迷惘時，只要翻閱這些文句就能重獲能量。為了好幾年後也可以持續翻閱，加上頁數相對較多，因此我選擇使用耐用的日記本。

我自己是把日記本當成「心靈小語筆記」來用！

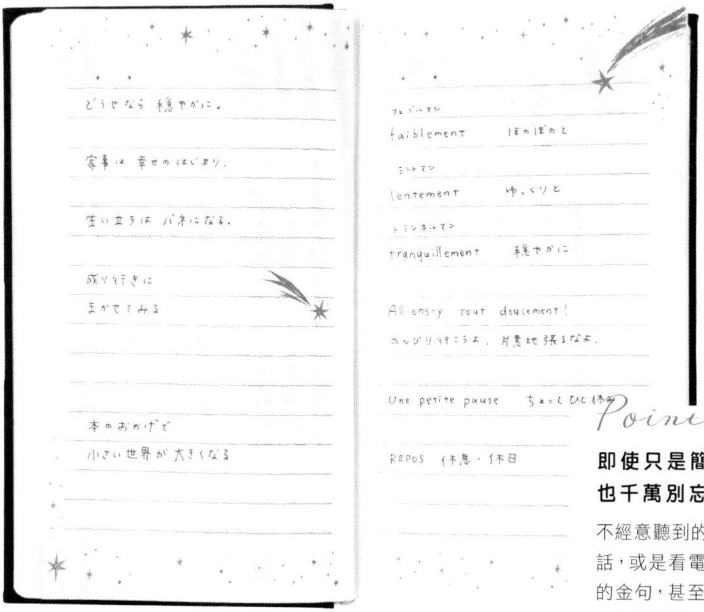

Point

即使只是簡單的幾個字也千萬別忘了紀錄下來

不經意聽到的一句觸動內心的話，或是看電影、書籍時發現的金句，甚至是從自己過去的日記看到的等等，將這些覺得「好棒！」的話語一點一滴地通通紀錄下來。

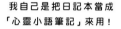

維持學習動力

study weekly

— 學習週計畫 —

這是一本為了考取資格證照所設計的學習筆記，透過將目標或計畫寫出來，可以清楚地瞭解到應該做哪些努力，之後進行回顧時也能掌握學習進度，藉此保持學習熱忱。

在還是上班族時，曾經有一段時間為了取得資格證照，總是趁著工作空檔來學習，因此設計出能將自己應該做的事項整理清楚，並確實把握學習進度的「study weekly學習週計畫」。

筆記裡所規劃的各種頁面，與心滿意足手帳的「Weekly週計畫」、「Monthly月計畫」屬於相同格式，因此使用方式也差不多，透過每週回顧、填寫Done List（完成清單），不僅能提高對自我的肯定感，也可以更加確實地邁向目標。

我利用這一本學習筆記，在4個月的時間裡考到了4種心理諮詢相關的資格證照，之後甚至還拿到了理財規劃師3級資格。其實除了資格證照的考取之外，這本筆記的形式也能用於減肥等有目標需要達成的時候。

〔目標〕

寫下目標，並且整理出為了實現而應該進行的努力，這樣就能清楚知道自己應該從哪裡開始做起。

1 **想達成的目標**

2 **完成目標的期限**

3 **為了完成目標應做的事**

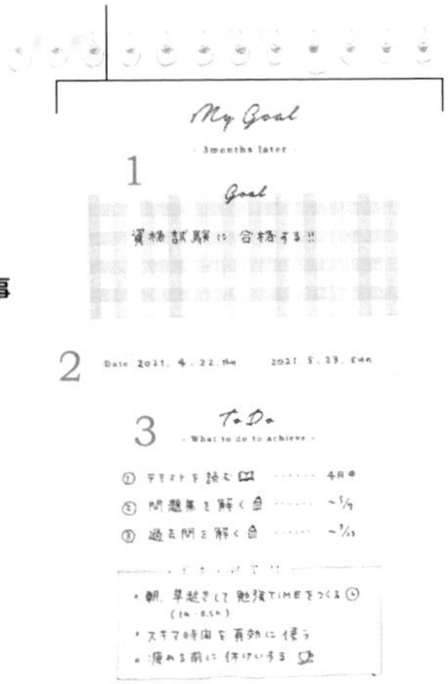

〔學習時數〕

每天都紀錄下一天的學習時數，不僅一眼就能知道自己做了多少努力，更可以提高學習動力！

〔Monthly月計畫〕 與心滿意足手帳的「Monthly月計畫（請參考P36）」一樣，需要訂定為期1個月的計畫。在每一週的開始時立下當週目標，等到一週結束後再來回顧，並依此更新下一週的計畫內容，列出一份沒有壓力的計畫表。

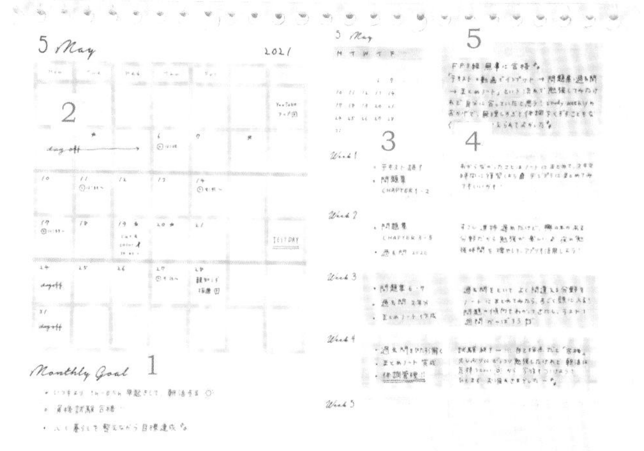

1 〈一個月的開始〉**本月的目標**

2 〈一個月的開始〉**本月的計畫表**

3 〈一週的開始〉**本週的目標**

4 〈一週的結束〉**本週的回顧**

5 〈一個月的結束〉**本月的回顧**

〔Weekly週計畫〕 如同心滿意足手帳中的「Weekly週計畫（請參考P30）」，每週訂定計畫，同時還要詳細地紀錄下每天的達成進度。同時製作「Done List」的話，更能激勵自己，產生持續下去的動力。

1 〈一週的開始〉**本週的目標**
與「Monthly月計畫」3 的內容相同也沒關係

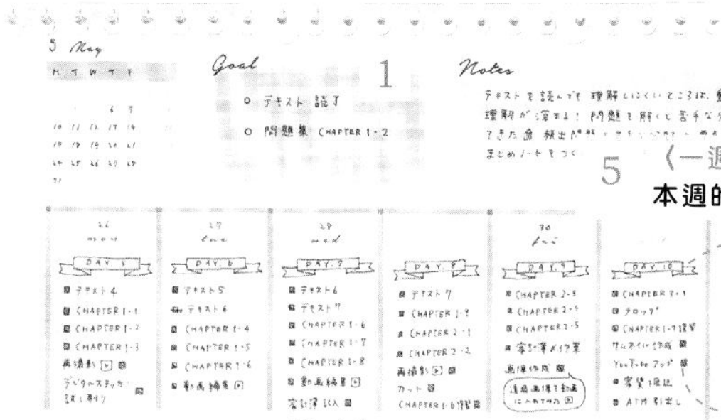

5 〈一週的結束〉**本週的回顧**

3 〈每天〉**當天的To Do＋To Do以外完成的事物**

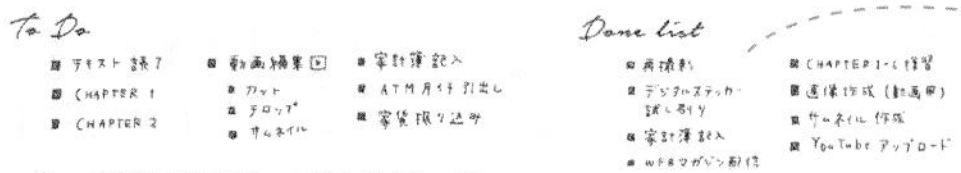

2 〈一週的開始〉**本週的To Do**

4 〈每天〉**Done List**

Point 1

紀錄今天是展開「Weekly週計畫」後的第幾天

每天都計算並紀錄下是努力學習的第幾天，能意識到「原來自己可以這樣不間斷做下去！」而獲得自信。

Point 2

每天都要留下「To Do以外的完成事物」的紀錄

在開始進行學習前先寫好To Do，結束後檢查完成了哪些項目（請參考P51），同時也將To Do以外的完成事物一併紀錄下來，並且整理到Done List內，只要看著這些已完成的事物，就能夠保持積極向上的態度持續學習。

再懶也能輕鬆存錢！

獨門家計簿

這是一本結合個人發薪日以及消費支出來使用的「獨門家計簿」，
只要4個步驟就能輕鬆掌握金流動向，自然而然找到存錢之道。

《紀錄家計簿的 4 Step》

發薪日前	1	訂定整個月的預算
	2	仔細分配預算
一週的開始・每次	3	依照目標、支出來設定預算上限
結算日	4	回顧整個月的支出

我的「獨門家計簿」是使用這3種頁面！

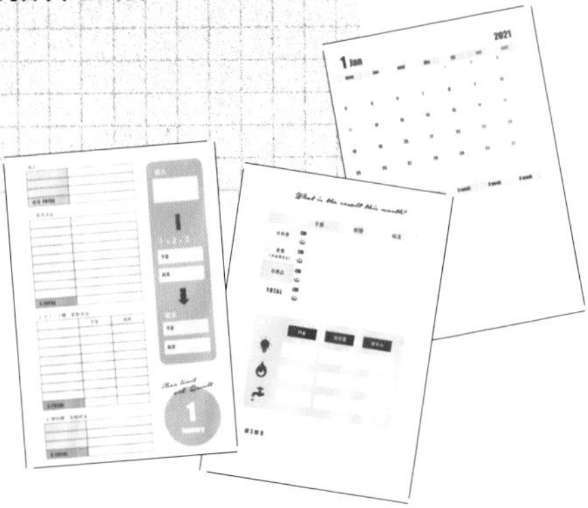

mukuri的獨門家計簿
掃描下載「家計簿」！

以前的我也是使用市面上常見的家計簿，不過因為當時的公司發薪日是20號，我希望能在發薪日開始規劃管理金錢，所以乾脆自己設計了「獨門家計簿」。

為了讓我這種懶散的人也可以持之以恆記帳，家計簿的格式特別經過思考，不必填寫細項或金額，只需要4個步驟就能完成，僅需掌握大致支出，甚至填寫時不必特別區分「餐費」、「日用品」等類別。

另外，每週都可以重新調整當週的預算！配合當下的支出狀態，將預算設定得比較有彈性，進而就能輕鬆無痛地存到錢。

自從啟用「獨門家計簿」後，我就變得很擅長精打細算，有時甚至每個月在扣除稅金等之後，實際還剩下10萬日圓，更因此在1年內存到超過100萬日圓。

Step 1

發薪日前　訂定整個月的預算

首先要決定好一整個月的預算，一開始只寫這頁也沒關係，寫下每個月相同額度的「固定支出」、依照月份有所變動的「日常開銷、流動支出」，記帳就從掌握一個月生活的必須花費開始。而能夠自由支配的「預備金」也要事先規劃出來，用以應對突發狀況，沒有預料之外的支出時就能夠存起來。

1 將固定支出全部列出來

將房租、網路費等每個月固定的支出寫下來，收入扣除這些金額之後，再來研究日常開銷。

↓

2 列出日常開銷訂定預算

「水電瓦斯」、「餐費」、「日用品」這3項一定要寫出來，其餘的再根據實際生活所需考慮。

↓

3 預先思考特殊項目

每個月也可能會有上述之外的支出，例如「換機油」這種可以預先想到的支出也通通寫下。

預算與結算

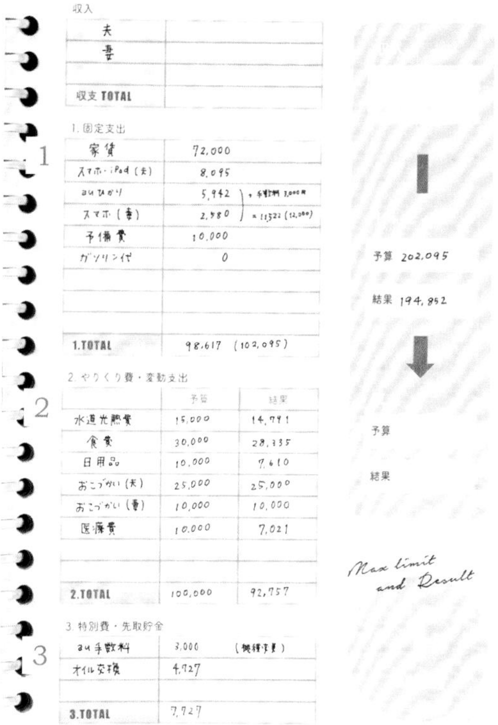

收入

夫	
妻	
収支 TOTAL	

1 1. 固定支出

家賃	72,000	
スマホ・iPod（夫）	8,095	
auひかり	5,942	＋手数料 3,000円
スマホ（妻）	2,580	＝11,522（12,000）
予備費	10,000	
ガソリン代	0	
1.TOTAL	98,617（102,095）	

2 2. やりくり費・変動支出

	予算	結果
水道光熱費	15,000	14,791
食費	30,000	28,335
日用品	10,000	7,610
おこづかい（夫）	25,000	25,000
おこづかい（妻）	10,000	10,000
医療費	10,000	7,021
2.TOTAL	100,000	92,757

3 3. 特別費・先取貯金

au手数料	3,000	（機種変更）
オイル交換	4,727	
3.TOTAL	7,727	

予算 202,095

結果 194,852

予算

結果

Max limit and Result

Step 2

發薪日前

將日常開銷的預算 依據「現金」與「刷卡」分開

接下來將步驟1所寫下的「日常開銷」預算，分成「現金支付」與「刷信用卡」兩個部分，確實地掌握現金與信用卡這兩者的金錢流動。不妨先想像一下花錢的情境，再來制訂各自的預算。

使用現金以外的方式付款時，建議可以使用App來記帳，有非常多款具有自動計算等便利功能的App。

整理頁面

1 只有「水電瓦斯」、「餐費」、「日用品」這3個項目！

預算的項目只有每個月必須開銷的「水電瓦斯」，以及花費頻率極高的「餐費」、「日用品」，至於外食費用則是納入餐費之中，無須一一細分，只需要規劃出大致的總金額即可。

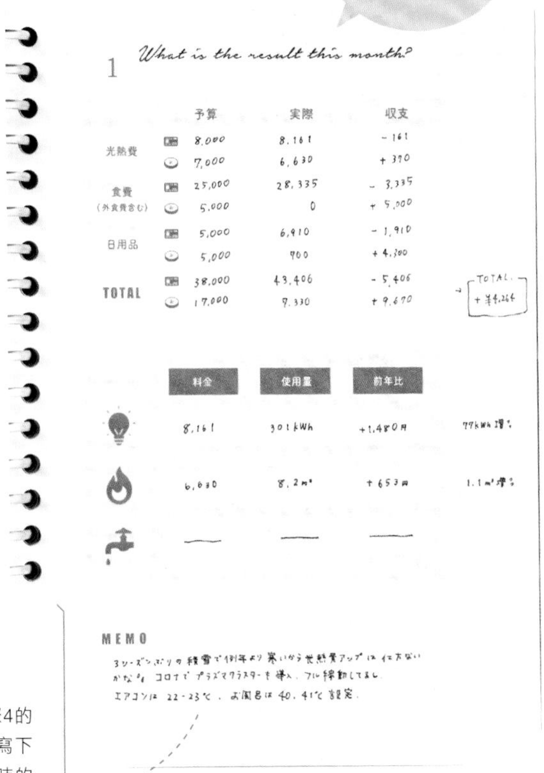

Point

分配下個月的預算時 也要重新審視過去紀錄

所謂的「紀錄」，是在進行步驟4的結尾作業（請參考P106）時，寫下心得的一個項目。透過翻閱當時的內容，做為制訂預算時的參考。

Step 3

一週的開始・每次　依照目標、支出來設定「每週」的預算

在每週的第一天就設定好一整週的預算吧！第1週只要將整個月的預算，按照週數平均分配出來的金額做為當週預算即可，第2週之後，再參考上週的支出狀況調整。在有預算的前提下生活，並將每一天支付的「餐費」與「日用品」合計的總金額寫在月曆上，一週結束時再整理出當週的支出，並計算接下來幾週的預算。

日常開銷

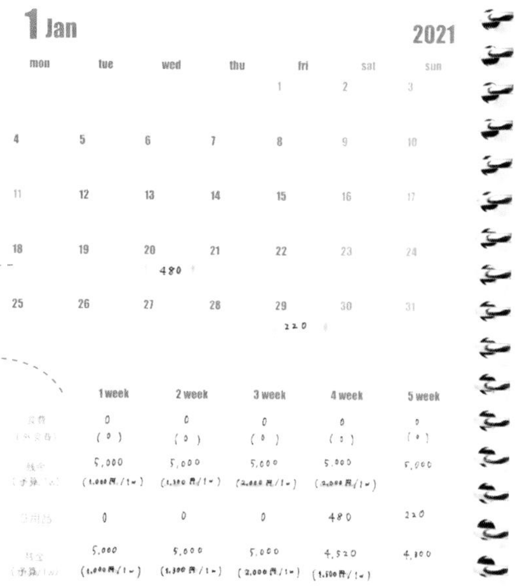

1　紀錄下每天餐費與日用品的消費金額

將每一天的餐費與日用品支出總金額寫下來，以綠色標註日用品，黃色標註餐費等等方式，使用自己喜歡的顏色來分類，就能一目了然。

↓

2　整理當週總支出設定下週預算

在一週即將結束時，將餐費與日用品的總支出金額寫下來，扣除這些金額後剩下的餘額，就能繼續做為未來幾週的預算。夠節省的話，也能壓低預算，將多餘的錢做為存款。

設定每週預算的方式

下週的預算＝

$$\frac{\text{餘額－1週用掉的金額（－存款）}}{\text{剩餘的週數}}$$

1個月的預算	第1週的預算	第2週的預算
10,000圓	10,000圓 / 4週 =2,500圓	若已支出3,000圓 10,000圓－3,000圓－1,000圓 / 3週 =2,000圓

存款！

※以1個月4週為例

Step 4

結算日　**比較預算與結果**
回顧整個月的支出

在每個月結束前，寫下這一整個月裡的支出總額，並與當初設定的預算做比較，整理出所有的收入開支情況。針對預算的增減，可以分別依照項目、整體來各自檢查，由此瞭解到哪些項目過度支出、哪些控制得當，並做為擬定下個月預算的參考。

預算與結算

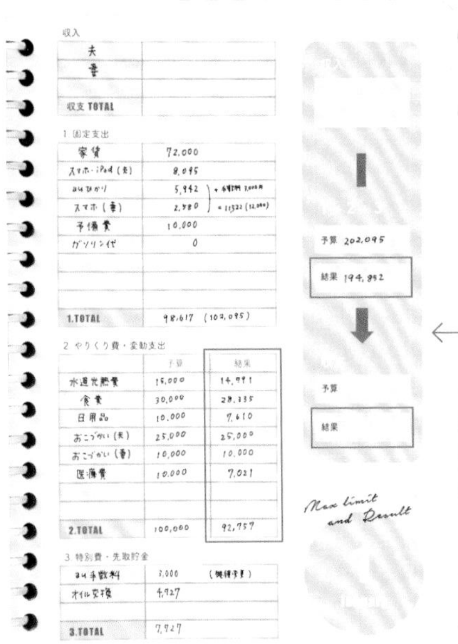

整理頁面

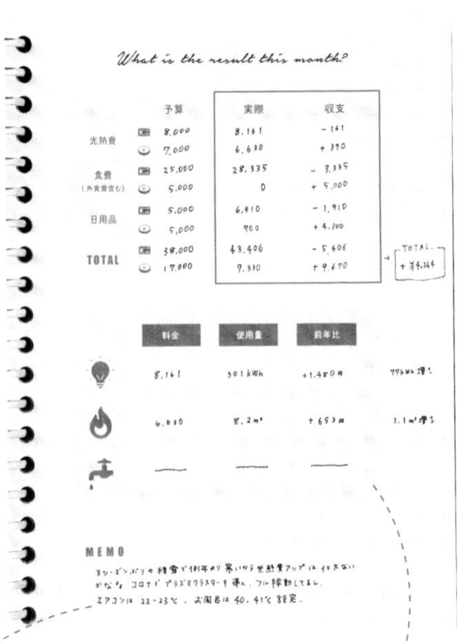

Point 2

寫完「整理頁面」
可以順便紀錄感想

除了紀錄流動支出的收支情況以及水電瓦斯費用，不妨也將心得一併寫下來，當作接下來每個月制訂預算時的參考。

Point 1

隨季節而有變動的費用
像是水電瓦斯費等要與去年比較！

水電瓦斯費用會跟著季節而有極大的變動，因此要是有能夠與去年同一月份比較的表格，就能知道自己是否使用過量。不過用量還是會因為當年氣候而有高低不同，所以也不需要太過嚴苛。

再試著多做一點挑戰
增加存錢速度的好幫手

這裡要介紹的是能夠改善生活中一些小小壞習慣的頁面，
和家計簿配合著使用，瞭解自己的財務狀況，絕對可以實現存下更多錢的目標。

〔檢查銀行帳戶〕

這是為了檢查銀行帳戶功能時的內頁，研究清楚各家銀行優惠可以如何運用，要是發現有更好康的銀行，就著手更換。

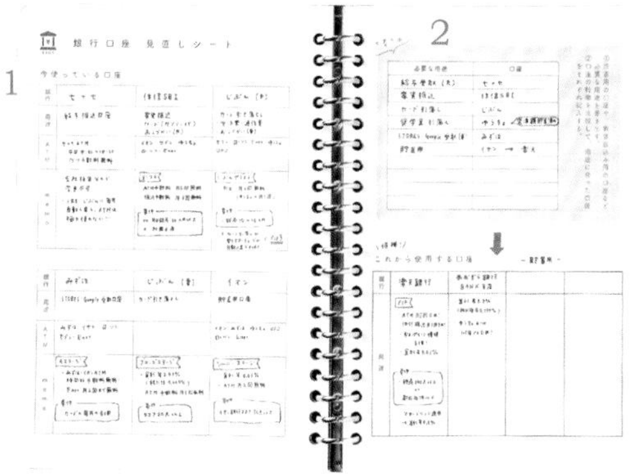

1　整理出目前使用中的銀行帳戶特色

列出正在使用中的所有銀行帳戶，同時整理出各家的手續費、升級條件等等優缺點。

2　重新挑選分別適合「房租」、「存錢」等不同支出的銀行帳戶

先寫出「房租」、「信用卡扣款」、「存款」等自己會需要用到錢的項目，再寫下目前使用中的銀行帳戶，並依照 1 的優缺點來重新評估，要是發現更優惠的銀行，不妨考慮更換。

〔銀行帳戶管理表〕

我自己會在發薪日這天，一次就將1個月所需的預算現金提領出來，這樣就能避免無盡的花費。而這種時候就需要一張從哪個戶頭領出多少錢的整理表格。

1　規定每個銀行帳戶的金錢流動

依照手上的每個銀行帳戶，寫下如「薪水」、「房租扣款」等等所有匯出、匯入的項目，並且按照進帳是藍色、出帳是黃色等來標註畫線，整體帳目更一目了然。

2　計算好出入金額決定每個帳戶的提領額度

先想好每個帳戶要留下多少餘額，再來決定提領額度，這麼一來也能夠防止「帳戶餘額不足而無法扣款」的問題發生。

挑戰「撲滿存錢法」與「數位家計簿」

接著要來介紹我覺得非常好用的「撲滿存錢法」以及「數位家計簿」。所謂的「撲滿存錢法」，就是在一整個月的帳目處理好以後，在結算日將剩餘的現金當作多出來的驚喜，放進錢袋或撲滿裡存起來。我把這一筆額外的金錢設定為可自由支配的存款，碰到有急需用錢的時候就可以從這裡支出，不僅省下出門到ATM領錢的時間，也不會被扣手續費，有什麼狀況時都能應急。

至於原本會將格式列印在紙上再手寫的「家計簿」，也可以直接變成數位方式來使用。與數位手帳一樣都是使用觸控筆書寫（請參考P86），使用起來不僅跟紙本同樣順手，還能將過去的頁面直接複製貼上，比起紙本可以省下大約一半的時間。而且像是家計簿，會很需要經常翻閱過往的紀錄，使用數位的話可以更容易找到需要的頁面，也不佔空間，使用起來更加輕鬆，我常常覺得「有換成使用數位家計簿真是太好了」！

上述兩者皆是我每天都深感便利的妙招，因此在熟悉了基本的「獨門家計簿」以後，請務必接著挑戰看看。

為了方便整理，我在牛皮紙上打洞DIY做成錢袋，每一次都紀錄下放錢的日期與金額。

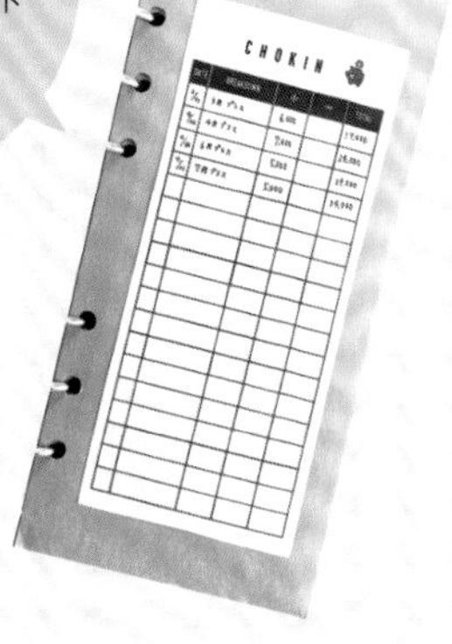

持之以恆使用手帳的7個秘訣

我一直都是個三分鐘熱度的人，無論做什麼都無法長久。

這樣的我卻能夠持續維持使用手帳的習慣，

一方面當然是因為「喜歡手帳」，

但更多的還是在於「持之以恆的秘訣」，

請大家不妨參考我經過實踐後發現的7個方法，

一起持續不斷地愛用手帳吧！

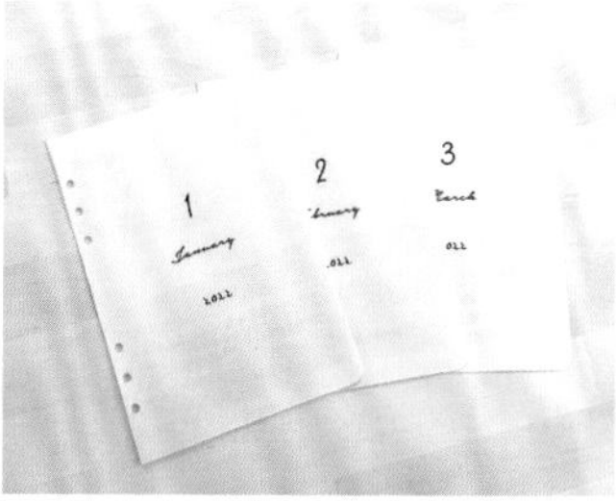

1 每隔3個月準備新的內頁

雖然我從高中就開始使用行事曆，但大多都僅僅維持幾個月，之後全都是一片空白。

為了改變這樣虎頭蛇尾的壞習慣，嘗試每隔3個月就重新編排一次內頁，果然會變得非常期待使用不一樣的全新內頁書寫，在這樣毫無勉強的心情之下，培養出了寫手帳的習慣。

而且我更將一整年時間劃分成4本手帳，就算中途有寫不下去的時候，只要日子到了就可以歸零重新開始。許多人對手帳的印象應該就是一年一本，以1或4月為新年度的開始，但如此一來就很容易發生後面好幾個月都空白一片的狀況。就算是比較懶惰的人，只要以3個月為單位就能更輕鬆地訂定目標，非常值得推薦。

2 決定截止時間，對「期間限定」發起挑戰

最重要的一件事，就是設定一個恰當的期限再來

開始挑戰。一開始不妨從「先以3天為目標」、「總之先完成1個禮拜」等短天數的設定開始嘗試，當自己訂定的目標達成時，內心的自我肯定感一定會發芽茁壯，進而提升自信，激發出接下來「還想持續下去」的動力。

3 結合一件每天必做的事

舉例來說，通勤或上放學的時間、午餐後的下午茶時光等等，將每天必做的事情與手帳時間結合在一起，就可以毫無壓力地維持下去。

我自己是將打開手帳的時間，設定在起床後、就寢前，像這樣與日常行為組合在一起，漸漸地寫手帳也就會變成每一天都不會忘記的生活習慣了。

4 在覺得自己辦得到之前，降低難度

若是完全不知道該從哪裡做起，就會導致自己遲遲不願意採取行動，最終陷入「做不到」、「無法持續下去」的窘境。

但如果能降低難度，把自己覺得「只是這種程度

的話，我應該馬上就做得到」的事情整理出來，等到有時間時就能夠立刻展開行動。

5

利用「Done List」提升動力

人會在無意識的狀態下，不由自主地把注意力都放在沒做到的事情或缺點，要是一直想著自己的缺陷短處而開始厭惡起自己時，建議最好強制自己轉移焦點，試著關注已經完成的成功事物。

而透過書寫「Done List」，可以對自己更有自信、提高動力，進而養成寫手帳的習慣。

6

有時沒空寫也沒關係！

如果產生「非做不可」的義務心態，那麼繼續維持就會變得很痛苦。因此最重要的並非持續下去，而是能夠透過書寫來抒發內心，對自己更有信心，或者感到幸福。抱持著「有時沒空寫也沒關係！」的心情，反而更容易養成寫手帳的習慣。

我自己就有過因為忙碌或身體不舒服，完全沒有寫手帳的日子，這種時候就會用之後再拿色筆畫圖、貼上照片等方式來填空，讓內頁變得可愛美觀。不需要事事力求完美，好好享受手帳即可！

7
找出最適合自己的手帳方式

依照目的我分別擁有3本手帳，因為這是最適合我自己的使用方式，就好像有人喜歡手寫的溫度，也有人熱愛敲打鍵盤輸入文字；有些人認為清晨的頭腦最清醒、容易激發靈感，但也有部分人是在夜晚才能集中精神。

適合每個人的方式都各有不同，所以即使是從模仿別人開始，但要是能夠漸漸地摸索適合自己的使用方式，我相信這就會是最棒的一件事！

也會有這種什麼都沒寫的日子！

每天5分鐘の質感人生手帳術

多款獨家免費模板，即使手殘，也能輕鬆擁有自己的療癒手帳，打造美好生活

作者mukuri
譯者林安慧
主編唐德容
封面設計羅婕云
內頁美術設計林意玲

發行人何飛鵬
PCH集團生活旅遊事業總經理暨社長李淑霞
總編輯汪雨菁
行銷企畫經理呂妙君
行銷企劃專員許立心

出版公司
墨刻出版股份有限公司
地址：台北市104民生東路二段141號9樓
電話：886-2-2500-7008／傳真：886-2-2500-7796
E-mail：mook_service@hmg.com.tw
發行公司
英屬蓋曼群島商家庭傳媒股份有限公司城邦分公司
城邦讀書花園：www.cite.com.tw
劃撥：19863813／戶名：書虫股份有限公司
香港發行城邦（香港）出版集團有限公司
地址：香港灣仔駱克道193號東超商業中心1樓
電話：852-2508-6231／傳真：852-2578-9337
城邦（馬新）出版集團 Cite (M) Sdn Bhd
地址：41, Jalan Radin Anum, Bandar Baru Sri Petaling, 57000 Kuala Lumpur, Malaysia.
電話：(603)90563833 ／傳真：(603)90576622 ／E-mail：services@cite.my
製版・印刷漾格科技股份有限公司
ISBN978-986-289-915-1・978-986-289-916-8（EPUB）
城邦書號KJ2096 **初版**2023年11月
定價360元
MOOK官網www.mook.com.tw
Facebook粉絲團
MOOK墨刻出版 www.facebook.com/travelmook

國家圖書館出版品預行編目資料

每天5分鐘の質感人生手帳術：多款獨家免費模板,即使手殘,也能輕鬆擁有自己的療癒手帳,打造美好生活/mukuri作；林安慧譯. -- 初版. -- 臺北市：墨刻出版股份有限公司出版：英屬蓋曼群島商家庭傳媒股份有限公司城邦分公司發行, 2023.11
112面；14.8×21公分. -- (SASUGAS；96)
譯自：1日5分から 心と暮らしが整う手帳の使い方BOOK
ISBN 978-986-289-915-1(平裝)
1.CST: 筆記法 2.CST: 生活指導
019.2 112013325